Arnoldo Liberman

Tradução: Cristina Antunes

Gustav Mahler
um coração angustiado

Uma biografia em
quatro movimentos

autêntica

Copyright do texto original © Arnoldo Liberman
Copyright desta edição © 2010 Autêntica Editora LTDA.

TÍTULO ORIGINAL
Gustav Mahler o el Corazón Abrumado

TRADUÇÃO
Cristina Antunes

REVISÃO DA TRADUÇÃO
Leonardo José Magalhães Gomes

PROJETO GRÁFICO DE CAPA
Diogo Droschi (sobre imagem de Getty Images)

EDITORAÇÃO ELETRÔNICA
Diogo Droschi

REVISÃO DE TEXTO
Ana Carolina Lins Brandão
Cecília Martins

EDITORA RESPONSÁVEL
Rejane Dias

INDICAÇÃO EDITORIAL
João Antonio de Paula

Revisado conforme o Novo Acordo Ortográfico.

Todos os direitos reservados pela Autêntica Editora. Nenhuma parte desta publicação poderá ser reproduzida, seja por meios mecânicos, eletrônicos, seja via cópia xerográfica, sem a autorização prévia da Editora.

AUTÊNTICA EDITORA
Rua Aimorés, 981, 8º andar . Funcionários
30140-071 . Belo Horizonte . MG
Tel: (55 31) 3222 68 19
Televendas: 0800 283 13 22
www.autenticaeditora.com.br

Dados Internacionais de Catalogação na Publicação (CIP)
(Câmara Brasileira do Livro, SP, Brasil)

Liberman, Arnoldo
   Gustav Mahler – Um coração angustiado / Arnold Liberman ; [traduzido por Cristina Antunes]. – Belo Horizonte : Autêntica Editora, 2010.

   Título original: Gustav Mahler o el Corazón Abrumado.
   ISBN: 978-85-7526-482-9

   1. Compositores austríacos - Biografia 2. Mahler, Gustav, 1860-1911 3. Música clássica 4. Regência I. Título.

10-05859   CDD-780.9436

Índice para catálogo sistemático:
1. Compositores austríacos : Vida e obra
780.9436

primeiro movimento
O mandato secreto
17

segundo movimento
Na cidade das reticências
um macaco judeu busca a Deus
43

terceiro movimento
Da altura de um menino
ao náufrago metódico
79

quarto movimento
A missa nona
137

Posfácio
157

Destino singular
159

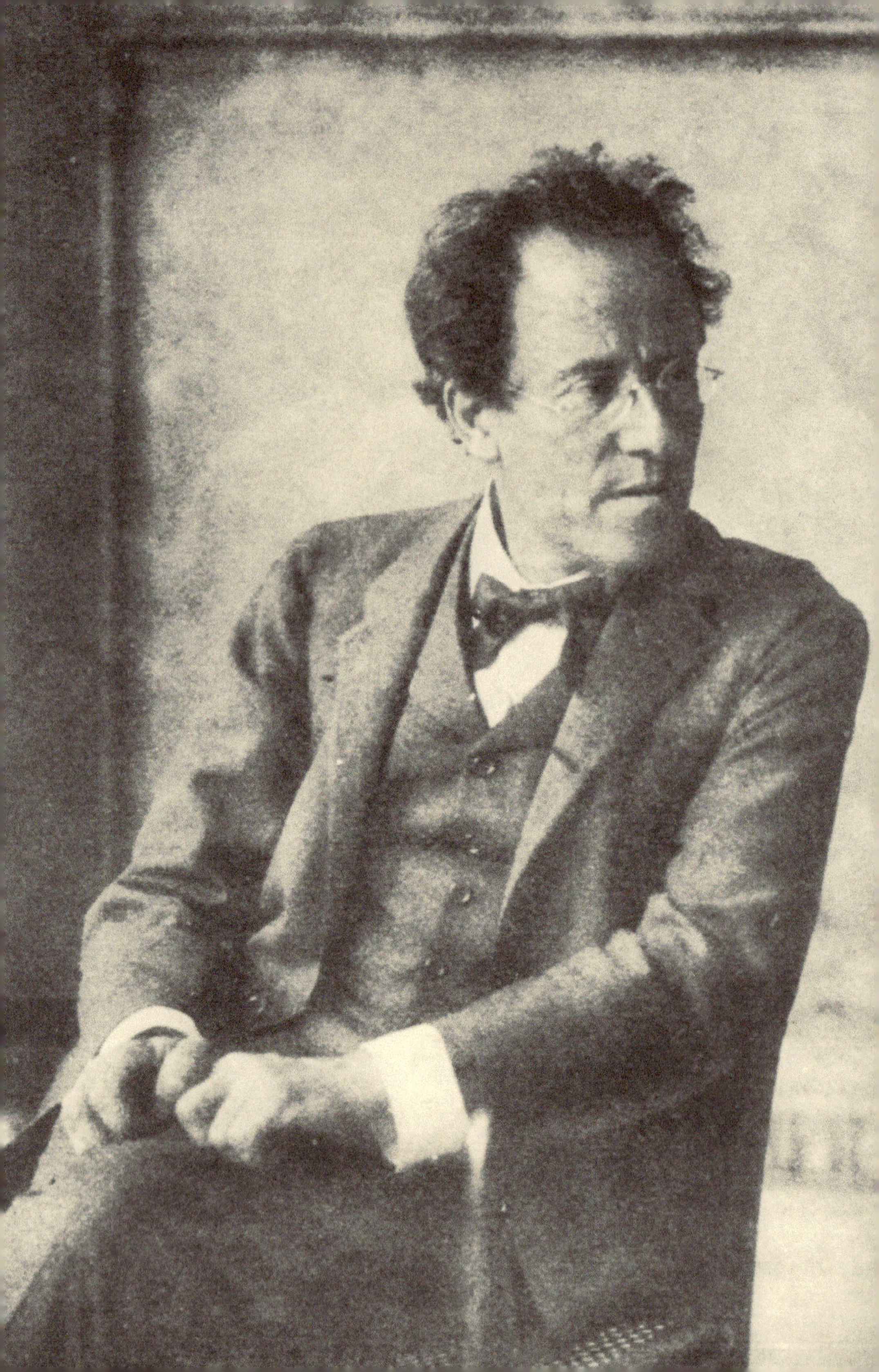

Prólogo a uma segunda edição

*A meu irmão Manolo, com quem
tanto buscamos até sua morte.*

> "Acolha em paz, que só
> fala ao sangue."
> ***Héctor Yánover***

Passaram-se vários meses desde que este livro pretendesse manifestar e dar testemunho de meu amor por Gustav Mahler. O fato de a primeira edição se esgotar em muito menos tempo que o previsto (ou sonhado) se deve, certamente, a múltiplos fatores, que vão da verossimilhança desse amor até o clima mahleriano *que circunstâncias alheias à sua própria música criaram nos pentagramas da sensibilidade popular. Quando o maestro Arbós executou, há muitíssimos anos, o "adagietto" da Quinta Sinfonia, ou quando, em 1966, Scherchen o regeu com quatro minutos a mais de duração do que o fez Bruno Walter (como bem conta Federico Sopeña), ou quando Argenta iniciava os espanhóis nas riquezas claras e comunicativas da Quarta Sinfonia, nada pressagiava que o nome de Gustav Mahler apareceria nos programas de concerto e na crônica política com assiduidade.*

Mas, esses são, precisamente, os imponderáveis daquele pentagrama que mencionei. Tentar esclarecê-lo seria demais para as aspirações de um prólogo. O que é verdade é que esse fato não parece pura e caprichosa escolha do acaso. Federico Sopeña afirma que "de maneira trivial e subalterna se diz e se escreve que, neste momento, Mahler é beethoveniano porque, como Beethoven, vive a luta de um herói contra o destino. Não, não é o herói, mas o homem, o que é muito mais dramático", diz Sopeña. Será casual que essa passagem do herói ao homem tenha se universalizado nesses últimos anos, plenos de tragédias, de loucura organizada, de desprezo pela vida, de ameaças cotidianas? Todos eles abismos que colocam o ser humano diante da dolorosa consciência de sua própria vulnerabilidade. Mahler, que de alguma maneira sonhava ser um herói, que se comovia ante os heróis wagnerianos, que fazia de Alma uma Valquíria sensual e própria, sentia profundamente tal vulnerabilidade e os medos e as tensões de nossa situação sempre limite. Esse limite era ao mesmo tempo a obsessiva ilusão de eternidade e a dura e majestosa presença da morte. No meio disso, aquela angústia que buscava fama e que expressava de colcheia em colcheia os sobressaltos de uma humanidade em crise. De um homem que havia feito do mistério, do exílio, do sofrimento, da comoção, maneiras de buscar a Deus e, simultaneamente, maneiras de perdê-lo. Um homem frágil, pleno de perplexidades, de ambivalências inevitáveis, de encontros sempre adiados, de um "sim é não" que procurava o absoluto no tempo religiosamente fugaz de um acorde, ou de um beijo, ou de uma transitória libertação fantasmagórica. Mesmo se a libertação não chegasse, *eu queria ser sempre digno dela, escreveu Franz Kafka, tão irmão de Mahler em muitas questões íntimas. Essa libertação, acorde ou beijo, é a que ainda buscamos em meio à condenação e às impotências. Essa morte que faz do herói um simples mortal, esse exílio que faz do mortal um estranho, esse mistério que faz de nossa estranheza uma justificação sempre penúltima, esse estremecimento que faz dos acordes ou beijos efêmeros fantasmas, tudo isso fez de Mahler um homem, uma humanidade antecipatória. O fato de que, na Espanha, essa maior propagação nascesse da persistência, também aqui sacerdotal, de Federico Sopeña e dos dirigentes de orquestras que mencionei antes, indica claramente a passagem que vai da religião (da música) à política do século. Condenados, como Fausto, a não poder dizer ao tempo presente,* Para! És tão formoso!, *esse tempo, esse mistério e essa irredutível banalidade, esse jogo de espelhos que é infinita repetição, é o que dá as cartas e assinala a chegada da morte. Enquanto isso, tracemos o círculo encantado em que possamos ser o centro e atribuamos um sentido a essa obstinação: continuar cantando minha devoção por Mahler para assim enunciar, numa metáfora grandiosa, a quem destinamos esse tremor invisível, essa precariedade imortal, dado que não possuo nada além de seu olhar, nada além de sua música.*

Há apenas uma coisa tão inevitável quanto a morte: a vida, afirmou Carlitos certa vez. Um morto inevitável pode renascer completamente, totalmente, inocentemente, espontaneamente, simplesmente, em uma palavra, diz a Cabala. A palavra, para o caso de alguém querer utilizá-la, é tam. *Com ela a cessação da angústia é absoluta porque nasce da compreensão de Deus, de sua presença definitiva, de seu remanso infinito. Eu, que não tenho palavra para dar nome a esse olhar, para dar nome a essa música, que não tenho palavra para interromper a angústia, que não tenho palavra para compreender a Deus, só posso traduzir aquele monossílabo iniciático numa soletração conscientemente pessoal:* tam, todo amor à música. *E sobretudo à música desse olhar. A que tenta se expressar em virtude de sua própria criação, conjurando para sempre as tempestades do amor. Mahler buscou corajosamente os vestígios de um destino imanente que garantisse a priori o sentido da vida:* um tormento devora eternamente meu coração: a imensa saudade de ti. *Acreditava nesse olhar. Atormentadamente.*

Arnoldo Liberman
Dezembro de 1983

Prólogo à terceira edição

Este terceiro prólogo deveria ser capaz de comunicar apenas o regozijo. Escrever um livro de amor e que seja este mesmo amor (não duvido disso) quem espalhe, por milhares de leitores, o nome e a vibração de Gustav Mahler é, como logo se percebe, algo para ser festejado ruidosamente. Só quero manifestar mais uma coisa: se – como define Alain Finkielkraut – o amor é sentir-se refém de uma ausência (essa é a mais comovente definição que li sobre tão árduo e vertiginoso tema), essa ausência é, neste livro, a de um ser que, com sua capacidade de entrega, com sua profunda obstinação, com sua pilúsica[1] maravilha, traçou o pentagrama desse coração aflito. Mahler soube desse silêncio. Por isso nunca pôde se curar de ter coração.

Arnoldo Liberman
Julho de 1986

---

[1] A única referência encontrada para essa palavra está em um texto sobre Alma Mahler Werfel, escrito por Arnoldo Liberman, chamado "El teclado de la piel", in *Cuadernos Hispanoamericanos*, n. 420, jun. 1985, p. 185-193, que diz no último parágrafo: "Novia del viento, canción de la tierra, *Almschilitzili* (como te llamaba Mahler), ¡sólo tú! (como te llamaba Werfel), *Pilusica* (como te llamo yo), [...]". (N.T.).

> "Nunca se consegue falar do que se ama."
> *Roland Barthes*

Não vou fazer – não quero fazer – aproximações especulativas, nem quero me deparar com a originalidade a qualquer custo, mas quero sim prestar homenagem às minhas próprias emoções.

Gustav Mahler não é só a vida, a cadência de uma música definitiva para a história dos homens; é, além disso, o mais intenso estremecimento que pode surgir de meu corpo ainda jovem e de minhas artérias ainda íntegras. Posso ser universal, mas quero ser minuciosamente eu mesmo. Há um sentido cósmico na música desse homenzinho que não tem outro destinatário senão meu próprio peito. Suas explosões, suas banalidades, seus lamentos temperamentais, seus arroubos coléricos, têm seu habitat natural nessa vibração que me invade quando soa sua música. Não sou, é claro, o dono dessa música. Mas realmente creio ser um interlocutor privilegiado. No exato sentido de minha própria singularidade. No exato sentido de me sentir insubstituível. No exato sentido de me reconhecer o mais fortuito e o mais solitário dos homens. No exato sentido do que eu, único, não permutável, incompetente de minha própria incompetência, significo para Mahler. Por essa razão, este não é um ensaio sobre Mahler, mas para ele. Essencialmente, para ele. E digo isso em Madri, em 1982, ou em Viena, em 1900, ou antes, na Boêmia. Porque teria me agradado pensar sempre que ele necessitasse me ouvir, saber que o procuro. "Assino simplesmente Mahler: os que me procurem me encontrarão. Os demais, não precisam saber", diz, pouco antes de morrer. Quando visitei seu túmulo em Grinzing, esse túmulo-monumento feito à moda desnuda da estética da Secessão,[2] *sabia bem que por trás dele estava o homem que, a partir de seu âmago e de sua emoção, encheu de música a alma dos homens e deu compleição ao transcendente. Efetivamente, nesse túmulo está escrito simplesmente: Mahler. Um pouco mais além pude ver o olhar infinito, silencioso, próximo e distante de Deus.*

---

[2] *Secessionsstil* ou *Sezessionsstil*: organização artística da vanguarda vienense que incluía, entre outros, nomes como Max Klinger, Gustav Klimt, Egon Schiele, Oscar Kokoschka e Alfred Roller, que colaborou com as montagens de óperas dirigidas por Gustav Mahler. (N.T.).

O mandato secreto

primeiro movimento

contraluzes e claros-escuros
freud
alma
oitava sinfonia

"Analisei Mahler durante uma tarde inteira, em 1910, em Leyden. Essa visita lhe havia parecido necessária: sua esposa, nessa época, havia se rebelado contra o fato de que sua libido se afastava dela. No curso das apaixonantes viagens ao longo de sua vida passada, elucidamos sua atitude pessoal frente ao amor e, particularmente, seu complexo de fixação materna. Pude admirar nesse homem uma capacidade genial de compreensão psicológica. Nenhuma luz aclarou então a fachada sintomática de sua neurose obsessiva. Foi como se houvesse cavado uma única e profunda fenda em um edifício misterioso."

Sigmund Freud
(carta a Theodor Reik, 4 de janeiro de 1935)

"Freud tem muita razão. Tu foste sempre para mim a luz e o ponto central. Quero dizer, a luz interior que se eleva acima de tudo."

Gustav Mahler
(carta a Alma Mahler, 4 de setembro de 1910)

"O mais profundo é a pele."

Paul Valéry

"Se conheces sobre a terra um homem feliz, dize-me imediatamente, antes que me abandone toda a alegria de viver. Quem tenha visto, como eu, uma natureza nobre e profunda sucumbir após um combate sangrento contra a baixeza, não poderá evitar um calafrio de horror pensando em sua própria e miserável pele."

Gustav Mahler
(carta a Emil Freund, 1º de novembro de 1880)

Como iniciar este movimento? Que hierarquia deve ser estabelecida para iniciar essa passagem emocional por Gustav Mahler? Que sentimentos me acometem no exato momento em que tento falar de sua música? Só sei que posso falar de Mahler em estado de efervescência. Mahler é para mim uma demasia, e só no precário equilíbrio desse transbordamento posso assomar ao seu mundo. Essa luta entre aquilo que tende a me colocar no centro de um afresco gigantesco e imponente, povoado de contraluzes e claros-escuros, e aquilo que me expulsa desse lugar por minha própria desconfiança dos diferentes talmudismos, nessa luta está certamente a redenção e mais ocultamente a sede do amor. A música redime? É uma religião, uma legislação revelada, um estremecimento dos loucos de Deus? Ou sob suas vibrações imprevisíveis se insere um caleidoscópio nebuloso que gira arbitrariamente? Engels costumava fugir da catedral ao ouvir o som do órgão para não se deixar comover pela voluptuosidade e pelo encantamento da música. Mahler escrevia a Alma: "Quero levar-te a essas regiões em que vislumbramos a eternidade e o divino". Nessa luta permanente, o autor de *A canção da terra* vivia e morria. Talvez porque a linguagem da música, com seu caráter polissêmico, equívoco e ambivalente, faz dela uma cerimônia singularmente secreta. Talvez porque não há maior solidão que buscar a Deus sob o disfarce do desejo. E a música é, sem dúvida, o desejo por antonomásia, ou seja, o desejo de Absoluto, melhor dizendo, a busca da obtenção efêmera de um instante profundo. Só o amor sabe dessas coisas. O próprio Mahler, com essa obstinada lucidez que se vestia de certezas aparentes, escrevia a Alma em 3 de dezembro de 1901: "É o princípio demoníaco da arte o que impulsiona a quem é possuído por ele a renunciar a sua própria personalidade, e, nesse caso, penetra de tal modo numa natureza peculiarmente disposta a entregar a alma, que a afasta da vida. Dir-se-ia que não é a alma o que entrega, mas o corpo". Estávamos falando do desejo. Porque, acima dos rituais de uma neurose obsessiva – preocupação constante por problemas cuja própria natureza impossibilita toda resposta lógica –, Mahler era um autêntico ser metafísico. Um ser interrogado e carente de resposta. Não havendo resposta lógica, devia haver alguma irracional. Não havendo clareza conceitual, devia haver mistério cantado. Não havendo certezas, devia haver comoções. Não havendo um herói válido – seu Titã da Primeira Sinfonia – devia haver um Deus generoso. Somente assim se pode entender sua música e não permanecer nos umbrais sob o pretexto da racionalidade, mas, na realidade, submetidos ao poder do exorcismo por medo desse demônio que nos transfigura e nos exalta. "Poucos sentem com tanta força o impulso de agir, estando sempre prontos e ardendo na plenitude do próprio coração", escrevia Rilke em sua Sexta Elegia. Ali se instalava Gustav Mahler. E, nesse ser, a exaltação, o assombro, a tristeza, a ansiada luz, o horror, tinham aposentos permutáveis e fugazes, num mural de emoções tão extenso que o próprio Bruno Walter caracteriza como "um dom dos deuses". "Mas se o homem sofre em silêncio, um Deus me deu o dom de expressar minha dor", escrevia Mahler. E, em outra ocasião, dizia: "Meu Andante é um fragmento de sol feito prisioneiro". Do sol prisioneiro à dor de seu coração atormentado, nessa escala musical fluíam seus sons, suas abundantes inspirações, sua generosa veemência criadora. Porque erguer os olhos e buscar a Deus – única resposta válida às suas perguntas – não significa que Mahler fosse um religioso no sentido tradicional. Sua demanda – que existia – tinha muito de calvário e pouco de monge. Quando nos últimos acordes de *A canção da terra*, parte de seu testamento juntamente com a Nona Sinfonia, Mahler escreve: "Meu Deus, meu Deus, por que me abandonaste?" não está lamentando o abandono de um Deus, mas sim sua falta. Como o terrível Deus dos personagens de Kafka – e a comparação não é caprichosa –, esse Destinatário do lamento não dá respostas concretas. Mahler, claro, não tem a dolorosa zombaria do escritor de Praga, e sim sua infinita interrogação. Ou seja, um espírito profundamente religioso. "Toda criação se enfeita continuamente para Deus e, portanto, cada um de nós tem um só dever: que o que é criado seja tão formoso quanto possível aos olhos de Deus. A feiura é um insulto a Deus". Quem escrevia isso podia se chamar Gustav Mahler, podia também se chamar Stavroguin,[3] podia talvez chamar-se – e tenho consciência de minha aparente arbitrariedade – Franz Kafka. Ocasionalmente pensei que o Absoluto, qualquer que fosse sua vestimenta, é o comunismo dos lúcidos. Nessa concepção da música – uma espécie de "empresa religiosa sem dogmatismo", tal como Musil chamou a literatura –, o confessional passa ao secular, o homem feito sentimento religioso passa à resposta transcendente e, dali, à eterna interrogação. Já não é só a busca ambígua, indeterminada, fóbica, de um mundo agonizante em seu silêncio, marcado pela formosa e temida sonoridade do canto de um cisne. É muito mais encontrar as ligações que vão além do racional a regiões iluminadas pela frágil certeza da eternidade. O mesmo Mahler, que escrevia sua imprecação a Deus pelo abandono ou pela carência, repetia a seus amigos "meu tempo chegará", ou "todas as minhas obras são antecipações de uma vida futura". Porque há algo além da carência. Um tempo de saber-se único. Um tempo de saber-se todos. Um tempo de ressurreição. Mas tudo aqui, no meio dos homens, no meio de

---

[3] Personagem ateu da obra *Os demônios* (também traduzido como *Os possessos*), de Dostoiévski. (N.T.).

sua cósmica tristeza, no meio de suas magras esperanças, no meio da fortaleza construída para abrigar o cansaço e a ilusão da vida. É ali mesmo onde um homenzinho que podia se transformar em um Nietzsche vociferante, em um profeta da vida futura, teima em transformar o devir em fatalidade e destino, em um diálogo patético com a história e com o sagrado. O seu devir aparece revestido de tal dignidade, de tal sensação messiânica, que se transforma em grande tarefa, em um mandato imperioso que não pode ser questionado e, mais ainda, que não pode ser adiado nem um só minuto. Kafka disse isso da mesma maneira: é um mandato. "Eu não posso assumir por causa da minha natureza senão um mandato que nenhuma pessoa me deu. É em tal contradição e apenas em tal contradição que eu posso viver." No exato lugar onde Kafka coloca o ninguém, Mahler pôde colocar Deus. Porque se essa missão é um mandato autodesignado messianicamente, não deixa de ser ao mesmo tempo a certeza de uma decisão tomada e talvez executada por uma autoridade superior (que se chame Deus para Mahler ou O Castelo para Kafka, não passam de respostas diferentes para enfrentar a mesma pergunta, e é claro que esta é, a pergunta, o fogo do sagrado). Ambos desejam salvar-se. E, não raro, desesperados em meio às vicissitudes da vida, crendo que na realidade tudo é uma ilusão ridícula e muitas vezes uma zombadora impostura, ambos vivem sua missão como a função sacra de uma religião feita na medida dos homens. Talvez isso, em certos momentos, se relacione com a própria autocomplacência do criador, mas que tem importância diante dos ganhos dessa vitória sobre a confusão e a contingência. Marthe Robert assinalaria para Kafka "a paridade legal com a religião, os direitos especiais na esfera do sagrado". Gustav Mahler nunca sentiu, nem nos momentos mais solitários, mais desiludidos, mais aparentemente estéreis de sua vida, que sua teimosia e sua arrogante melancolia, e às vezes seu fulminante atrevimento, eram promovidas por um ideal que podia ser quimérico. "Os homens razoáveis são insuportáveis. Eu não amo mais que àqueles que exageram", escreve um dia. Nesse exagero, nesse atrevimento, "está meu sincero desejo de colocar Deus no lugar dos ídolos de barro" (carta a Alma, dezembro de 1901). E se,

Alma Mahler

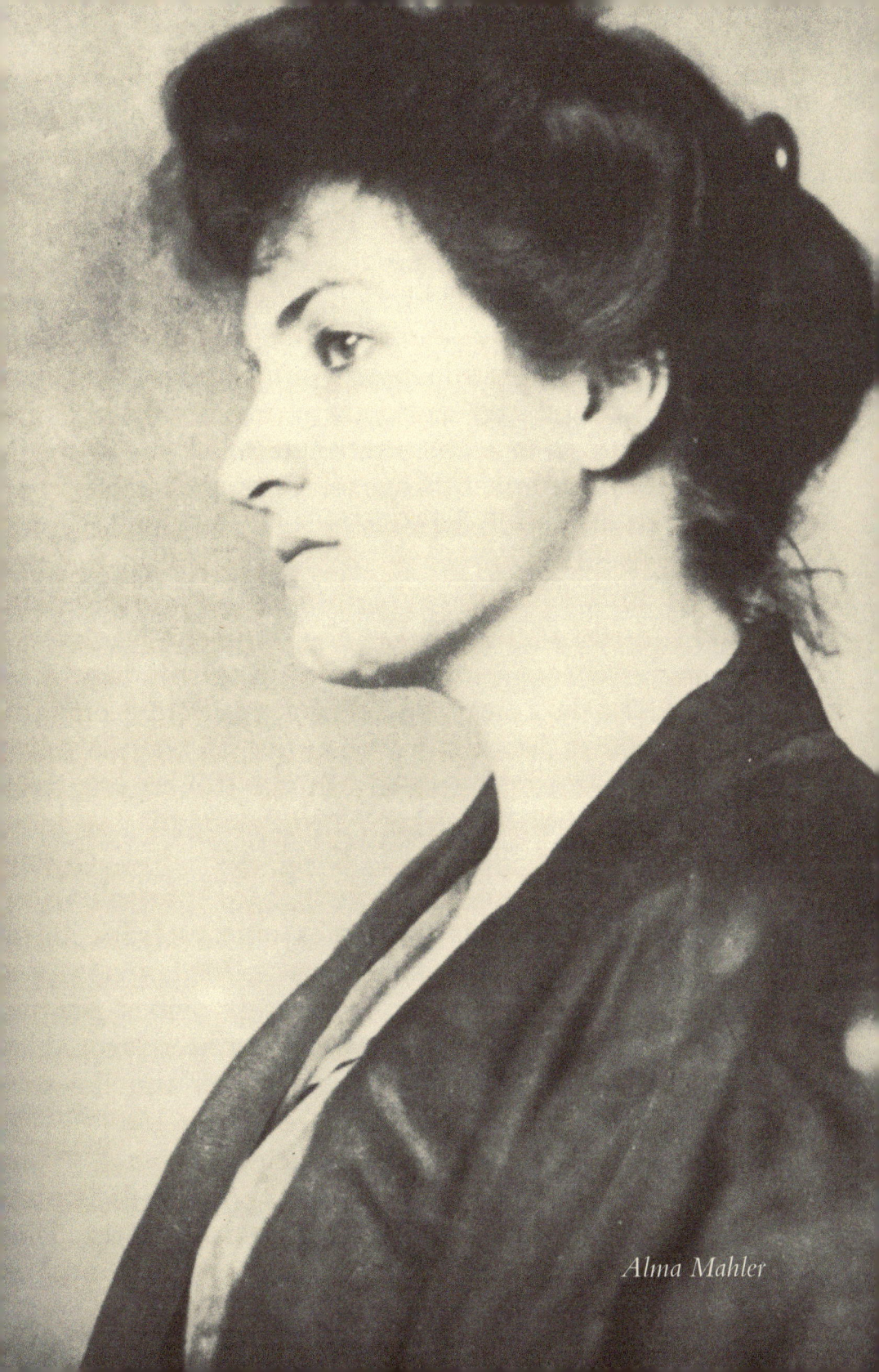

como escreve Fernando Savater, Deus serve para transformar o acaso indefinível em ordem casual, a inanidade do ser em uma legalidade satisfatória, o desinteresse do universo que nos ignora em uma atenção cósmica de nossas vicissitudes, a dispersão caótica de nossos impulsos irracionais em uma identidade pessoal estável, ou, como diz ironicamente, Deus nos proporciona uma modalidade decente de escada de incêndios, em homens como Mahler a questão roça outras tangentes. Mahler não explica a festa: festeja-a. E se Deus é a resposta de uma cerimônia pessoal, tem, em sua peculiar significação, sua própria legitimidade. E se o Deus de Mahler é o direito à imortalidade, essa legitimidade concerne a todos os homens. Cioran dirá que toda intensidade é servidão e sujeição. Talvez. O que realmente sei é que esse exagero tem a ver com a vida. "Uma obra de arte da qual se percebem os limites exala um odor de morte, coisa que em matéria de arte não posso, de modo algum, suportar!", escreve Mahler. Ali, pois, nos limites está o vulnerável. E nessa vida, onde o tempo para o deslumbramento é escasso, onde o céu – perdoem a metáfora banal – é um habitante esporádico do nosso corpo pelo fato de andar olhando onde caminhamos, é a presença substancial ou desventurada de outro olhar e de outra concepção dos limites aquilo que nos ensina a descobrir no interior da pele nossas vulnerabilidades definitivas e nossos trejeitos mais transcendentes. E assim como Kafka pôde ser o olhar que nos revelasse os códigos sem alternativa e seu absurdo, assim como Antoine de Saint-Exupéry nos revelou ao menino, ao eterno menino que todos levamos para a morte, e assim como Carlitos nos revelou que o riso é uma forma de lágrima, Mahler, Gustav Mahler, me revelou que tenho esse direito à eternidade, que há – que deve haver – um caminho marcado pelo transcendente, que Deus não é apenas uma invocação desesperada. Os que amam, os que amaram, os que se alimentaram desse fogo prenhe que é o olhar, a pele, o trejeito desse Absoluto instantâneo sabem que Mahler é um amigo de tremores. "Vejo-o cada vez melhor: não se compõe se se é composto", escreve a Natalie Bauer-Lechner em 1900. É isso.

Talvez por aquilo que uma vez Freud assinalou a respeito do ambíguo, do duvidoso, do equívoco da música – já sabemos que para o inquietante explorador dos sonhos a música resultava um tanto indiferente, ao menos no mesmo sentido em que os animais se mostravam indiferentes à filosofia existencial –, e sobretudo por essa singular expressão com que ele finaliza a carta a Theodor Reik ("foi como se houvesse cavado uma única e profunda fenda em um edifício misterioso"), meus sentimentos, ao penetrar nessa busca, são de inquietude e de uma estéril fantasia de profanação. Se fosse só por esses sentimentos, desistiria de imediato deste projeto. Porém há muito mais, talvez a necessidade da tristeza, talvez por me sentir protagonista de um mandato secreto, talvez pela fascinação que um mito produz – "Mahler é um mito. Mahler é a Música", dizia Stockhausen em 1972 –, talvez porque em algum lugar de meu mundo interior quero testemunhar a madeira humana de que podem ser feitos certos rituais obsessivos (vazios em seu diagrama, profundos em seu temor e sua dor), talvez, por último, porque tenho o raro costume do agradecimento, talvez, definitivamente, porque não posso fazer outra coisa (sim, reconheço, Mahler forjou uma ditadura em meu coração). Tudo isso faz com que me sinta impelido a continuar. Até onde? De que maneira? Não sei. Saberei, talvez. Outras fendas, não tão profundas certamente, mas especificamente minhas, irão surgindo através destas páginas. Porque em meu vínculo com Mahler pude descobrir (e me alimentar disso) que aquelas palavras de Arnold Schönberg, "devo tratar de ser tão puro como você já que me está negado ser tão grande" são parte de meu amor por sua música e pela infinita cosmogonia de suas vibrações. E não gostaria que Schönberg fosse mal interpretado. Pureza não é, nesse caso, o oposto de nenhum maniqueísmo nem a versão asséptica de nenhuma ortodoxia ética: é, mais simplesmente, incondicionalidade, entrega total, paixão sem atalhos. O que Schönberg afirma e admira é isto: o gigante pródigo. A música era para Mahler – um pós-romântico, afinal – incitação. E essa incitação tinha a ver com as pródigas pulsações que caracterizam as dúvidas supremas do homem: rebeldia, amor à beleza, busca do Absoluto, questionamento da morte, medo de si mesmo, significado do amor. Exatamente a contraparte daquilo que Rousseau chamou de "o arabesco abstrato". Porque o fato de a música ser uma arte assemântica, incapaz de se expressar em linguagem comum – aquilo que dizíamos sobre o ambíguo nas palavras de Freud – a situa infinitamente acima de qualquer outro meio de comunicação. A música não tem necessidade de expressar o que expressa qualquer das outras artes ou a linguagem cotidiana dos homens: ela expressa, captando-a, a essência do mundo, a Ideia, o Espírito, o Infinito ou como vocês queiram denominá-lo. Ou seja, aquilo que não pode ser conceituado de outra maneira senão com essa imensa tela de projeção que é a música pela própria música. "Sei que enquanto eu não puder dar forma a uma experiência interior por meio de palavras, certamente não a escreveria de maneira musical. A necessidade de se expressar musicalmente, sinfonicamente, não começa senão com as emoções nebulosas que se abrem 'ao outro mundo', ao mundo em que as coisas já não estão separadas pelo tempo e o lugar" (carta de Mahler a Max Marschalk, 26 de março de 1896). Como se vê, a música é para Mahler, em essência, uma celebração mística, talvez parcialmente em reação à tradição pré-romântica da música como um espetáculo hedonista. Não é difícil incorporar esse diagnóstico ao estreito vínculo de Mahler com Goethe e Dostoiévski. Em uma conversa com Eckermann, de março de 1831, dizia Goethe: "O elemento demoníaco próprio de toda arte está de fato presente na música no mais alto grau, já que esta se acha em tal altura que nenhum intelecto pode alcançá-la. Emana da música uma força que se apropria de tudo e que ninguém é capaz de explicar". É naturalmente forçoso o fato de que o Fausto, de Goethe, inspirasse uma das obras mais intensas do repertório sinfônico de Mahler, exatamente sua Oitava Sinfonia. Essa Oitava Sinfonia, chamada popularmente *Sinfonia dos Mil* (porque são precisos mil intérpretes para sua execução, embora se possa fazê-lo com menos), apoia sua última sequência na cena final da Segunda Parte da obra imortal do autor do *Werther*. Mahler, que às vezes se indignava diante dessas observações sobre o demoníaco da arte, dificilmente pode ser apreendido na totalidade sem a ajuda desses pensamentos. Thomas Mann, outro dos autores que é preciso

Thomas Mann

conhecer para transitar no mundo mahleriano – não esqueçamos, é claro, de *Morte em Veneza* e seu reconhecimento explícito de haver inspirado seu protagonista na personalidade de Mahler –, diz em *A montanha mágica,* por meio do humanista Settembrini: "A música é inestimável como meio supremo de produzir entusiasmo, como força que faz avançar e subir, mas só para pessoas cujos espíritos já estejam preparados para os seus efeitos. Porém, é indispensável que a literatura a preceda. Sozinha, a música não é capaz de levar o mundo avante. A música sozinha é perigosa."

E esse perigo, esse aspecto demoníaco, essa ambiguidade suspeita, essa forma da onipotência que é poder assumir tudo para um além nebuloso, onde se depositam todas as fantasias, todas as ansiedades, todas as fantasmagorias de nosso mundo interno, todas as vicissitudes de uma luz obscura e de uma obscuridade transparente, todos esses aspectos da música são, certamente, não só patrimônio desse mistério dos sons, mas, pelo fato de que o hábito faz o monge, uma expressão da personalidade desses supremos sacerdotes encarregados da missão transcendente de compô-la. Essa consciência intrínseca, essa percepção de um próprio destino, de uma vocação como mediador desse perigo, é também o que torna esses seres demiurgos tão absolutamente fascinantes, tão absorvidos por sua própria desordem amorosa e por esse estremecimento efêmero que um som dispersa a todos os ventos com patética finitude. Quando Mahler dizia "minha música não é mais que um rumor da natureza", penso que não se referia apenas aos aspectos panteístas de sua criação, mas também ao que o rumor significa como lei orgânica e como realidade fugaz, como decreto natural e como frágil emissor de ondas fugidias. Quem como eu – e como muitos outros, é claro – ouviu, por muito tempo, Mahler falar através de sua música sabe em quantos momentos esses rumores que se deslizam diante e detrás de suas absolutas grandezas são a própria essência desse perigo a que nos referimos, esse invencível demônio que se abriga entre os interstícios de Deus, entre as gelosias desse Absoluto que nos emociona. E essa emoção que nasce ante o rumor mahleriano tem muito a ver – e nisso não há alternativa senão aceitar as subjetividades pessoais do autor nessa busca – com a fome e o amor. Freud gostava de citar uns versos do *Die Weltweisen* de Schiller: "Enquanto a filosofia mantiver unida a estrutura do mundo, receberá para isso o impulso da fome e do amor". Dessa fome e desse amor, em seus níveis mais cotidianos e mais transcendentes, quero me ocupar agora. Aceitem isto como uma variação musical sobre o tema fundamental que sustenta essa inquietude: falar de minha fome e de meu amor por Mahler.

Posso imaginar Freud naquela tarde em Leyden, um ano antes da morte de Mahler, tratando de penetrar com seu agudo bisturi na humanidade complexa e temperamental daquele músico que, repito, um ano antes de sua morte, estava em profundo conflito pela vida amorosa de sua mulher (talvez pela própria – seus sintomas levariam a pensar assim –, mas isso não é uma certeza. Em todo caso, a insuficiência cardíaca – em um neurótico obsessivo – devia moderar e talvez aplacar suas difíceis questões sexuais). É justificável detalhar a razão episódica da consulta de Mahler a Freud. Num dia do ano 1910 Mahler recebe uma carta endereçada a ele ("Professor Gustav Mahler", dizem as palavras), mas em seu interior o envelope contém uma intensa declaração de amor de Walter Gropius – o eminente arquiteto criador da Bauhaus e 23 anos mais novo que Mahler – a Alma. Mahler descobre esses sentimentos com uma profunda exaltação. Surpreendido, incrédulo, decepcionado, conversa longamente com Alma e, nessa sincera confissão mútua – talvez a primeira vez que o casal consegue realmente se comunicar –, compreende o que estava acontecendo e o grau de desencanto de Alma. Ela escreve em seu diário: "Então, finalmente, pude dizer-lhe tudo. Disse-lhe que havia ansiado por seu amor ano após ano e que ele, com sua absorção fanática por sua própria vida, simplesmente havia me esquecido. Na medida em que eu falava, ele começou a sentir pela primeira vez que se deve algo à pessoa com quem se uniu a própria vida. Inesperadamente tive sentimentos de culpa. Mandamos buscar minha mãe para que viesse em nossa ajuda, e até que ela chegasse não pudemos fazer outra coisa senão caminhar juntos todo o dia, chorando. Depois de revelar as causas de nosso afastamento com a maior honestidade, me senti mais certa do que nunca de que não poderia abandoná-lo. Quando lhe disse isso, seu rosto se transfigurou [...]. Falamos como nunca havíamos falado antes. Mas não se podia dizer toda a verdade. Meu ilimitado amor havia perdido gradualmente um pouco de sua força e calor; e, agora que o impetuoso assédio de um jovem enamorado me havia aberto os olhos, percebi quão incrivelmente eu era ingênua. Percebi que meu casamento não era um casamento e que minha vida estava em grande parte não realizada. Ocultei dele tudo isso, e, embora ele o soubesse tão bem quanto eu, representamos a comédia até o fim para que não se sentisse ferido [...]. Faças o que fizeres, estará bem, me disse. Decide-te! Mas eu não tinha opção. Mahler havia sido o centro de minha existência e continuava sendo". Qualquer que seja o matiz pessoal que Alma imprime a esse testemunho – alguns críticos apontaram ali evidente arbitrariedade –, como dizíamos, é indubitável que Mahler compreende o que estava acontecendo. À medida que Alma expõe seus sentimentos, Mahler se comove com tal intensidade que, perturbado e zeloso de todos e de tudo, consulta um amigo seu, psicanalista vienense, amigo pessoal de Freud, que recomenda o famoso encontro. É interessante ressaltar que, apesar da urgência emocional que o impele, Mahler cancela por duas vezes consecutivas seu pedido de entrevista. É Freud quem, numa espécie de ultimato, consegue que Mahler se encontre com ele em Leyden (Holanda), antes de sua viagem à Sicília. Esse traço obsessivo de Mahler, a *folie de doute* (loucura da dúvida) que Ernest Jones aponta, esse "sim é não" de seus medos fantasmais, está presente nele em qualquer circunstância. A entrevista acontece no dia 26 de agosto de 1910. Existe um telegrama de Mahler a Alma, enviado de Innsbruck, datado do dia 25 de agosto do mesmo ano, que diz: "Todas as forças do mal e do bem me acompanham. Tu ocupas triunfalmente o trono. Boa noite, minha lira". Uma observação atenta desse conteúdo nos dá uma nova pauta da ambivalência que Alma despertava no atribulado mundo interior de Mahler. Mundo que a carta de Gropius deve ter feito surgir em toda sua intensidade. O texto dessa carta era um pedido explícito a Alma para que abandonasse Mahler e fosse viver com ele. Reivindicava nos níveis

Sigmund Freud

mais profundos os direitos da juventude e do amor sexual. O fato de que a carta fosse dirigida a Mahler parece, muito mais do que um grande ato falho, um implícito pedido. Félix Grande me dizia que o texto podia se reduzir a uma única palavra: "Deixa-ma!". Freud, que nesse ano havia se aprofundado nas raízes do processo criador através do prisma psicanalítico em *Uma recordação infantil de Leonardo da Vinci*, deve ter visto em Mahler – um homem que evocava há longo tempo a imagem de um artista fortemente delineada que havia impregnado a consciência do público melomaníaco – uma possibilidade de continuar se aprofundando em tais pesquisas. As poucas horas em que estiveram juntos só permitiram "essa apaixonante viagem ao longo de uma vida passada" de Mahler, mas, simultaneamente, fizeram com que Freud, numa clara tentativa de ajuda, reduzisse a dramática vicissitude a fórmulas mais ou menos esquemáticas que, não obstante, deviam ter a marca de sua clarividente intuição. Donald Mitchel ressalta com contagiosa fantasia *voyeur*: "Certamente foi um desses encontros da história que você teria desejado escutar atrás da porta". Para explicar ainda mais a liberdade de Freud em compor o cenário, digamos que a entrevista foi realizada enquanto caminhavam por mais de quatro horas pelo vilarejo. É nesse último aspecto que devia estar baseada a intenção de Freud de se aproximar com observações que tinham, acima de tudo, o objetivo de serenar o espírito do grande músico. Evidentemente, Freud consegue. Talvez pela certeza de algumas das referidas observações que, insisto, eram aproximações esquemáticas; talvez pela paternal presença apaziguadora que Freud pôde representar para Mahler. As fórmulas que se embaralham são: fixação materna; Maria, a mãe; Maria, a esposa; o nome Mahler significa "pintor", o pai de Alma era um conhecido pintor paisagista, e assim sucessivamente. É verdade que a mãe de Mahler se chamava Maria e que Mahler tentou mudar o nome de Alma Maria suprimindo o primeiro. Ao mesmo tempo, Alma reconhece em suas memórias "ter sempre procurado um homem de baixa estatura, superior a ela em sabedoria e inteligência" (como seu amado pai). A mãe de Mahler determina para ele seu ideal feminino: ternura, resignação, paciência, lealdade, devoção familiar. Por sua vez, Mahler representa para Alma o substituto válido do pai. "Conheço sua mulher – disse Freud a Mahler –. Ela adorava seu pai e não podia escolher e amar senão um homem de seu estilo". Freud lhe assegura que a diferença de idade – os 19 anos que Mahler tanto temia – era precisamente o que o tornava mais atraente aos olhos da esposa. E embora Freud repreenda a Mahler ("Como um homem que se comporta como você ousa pedir a uma jovem que se case com você?"), a entrevista tem resultados totalmente calmantes para o autor de *A canção do lamento*. Na mesma viagem de volta de Leyden, Mahler escreve a Alma este breve poema:

> Fundem-se as sombras da noite.
> Tudo o que sempre de terror me torturou
> expulsou-o o poder de uma palavra.
> Meus sentimentos no mais alto grau,
> meus pensamentos que resvalam perigosamente,
> fluem juntos num único acorde:
> te amo.

Mahler muda radicalmente seu comportamento em relação a Alma. "Comecei – escreve a um amigo – aos 50 anos, um duro trabalho de reencontro e confrontação comigo mesmo. A experiência neste domínio não pode tornar ninguém desgraçado". A partir desse momento, suas cartas, seus poemas, seus telegramas, suas remessas de flores expressam muito mais sua ternura e paixão por ela. No esboço da Décima Sinfonia – da qual só existe pronto o Adágio – e talvez persuadido pela intuição do fim próximo, Mahler escreve na margem: "Viver para ti! Morrer para ti! Almschi!". Toda sua força imaginativa e sua capacidade de transbordamento amoroso são devotadas a reparar no cotidiano esse vínculo com uma mulher certamente desejada e temida e sempre desprezada. "Agora sei que ele tinha medo de minha juventude e beleza", escrevia Alma muito mais tarde, com Mahler já morto. Essa relação nunca pôde ser realmente reparada. Ernest Jones comenta em sua biografia sobre Freud: "O trabalho analítico produziu, evidentemente, seu resultado, já que Mahler recuperou sua potência e o casamento foi feliz até o dia de sua morte". Essa afirmação trivialmente triunfalista não coincide, como se poderá comprovar, com o que Alma afirmou em seu diário. Antes de incursionar em meu pensamento a respeito do casal, quero reproduzir um diálogo entre Alma e Mahler de alguns anos antes, pelo que sugere o contexto dessa relação:

Alma: Tudo o que amo no homem são suas realizações.

Mahler: É um verdadeiro perigo. Queres dizer que se aparecesse alguém que pudesse mais que eu...

Alma: Teria de amá-lo.

Mahler [sorrindo]: Bem, por enquanto isso não me preocupa. Não conheço ninguém que possa fazer mais que eu.

Quando Mahler não está presente por inteiro no vínculo que o une a Alma, quando grande parte de sua libido criadora – e que outra coisa se necessita para salvar a vida conjugal? – está deslocada para seu universo musical, quando a organizada monotonia de seu lar fundamenta a inspiração de sua obra como contraponto formal, quando, simultaneamente, essa monotonia é a repetição automática de gestos rituais e vícios, Alma escolhe o engano ao tédio e a ruminação ressentida à claridade de um possível diálogo. Mas escolher é, concomitantemente, perdoem a simplicidade existencial, comprometer-se e abrir um espaço conflituoso de lutas caladas e meias-verdades incertas. Nesse aspecto, Mahler é, ao mesmo tempo, algoz e vítima. Porque sabe que Alma não pode satisfazer a demanda absoluta de suas fantasias e as pulsões com que o mundo o solicita, mas, por sua vez, esquece – e isso deve ser anotado no débito de Mahler – que ao seu lado há um ser humano, mais especificamente, uma mulher jovem, uma mulher intimidada pelo âmbito conjugal e possuidora de uma beleza e de uma juventude feitas de pele, de necessidade, de inquietude, de sonhos. Se Mahler sabia de alguma maneira – e isso todo homem sabe de certa forma – que a relação reduzida a si mesma é um doloroso enfrentamento com a própria finitude, e não é fácil suportar a dura evidência de nossos próprios limites, ele devia estimular outra busca, e não criar uma ordem doméstica construída com a exclusão do mundo ou, melhor dizendo, com a exclusão de Alma no mundo. Se Mahler não conseguia totalizar o universo em suas sinfonias – "a sinfonia deve ser como o mundo. Deve abarcá-lo todo", disse em seu famoso encontro com Sibelius –, devia saber também que não se pode totalizar a humanidade em um homem. Mas diante de Alma e diante do mundo, ele pretendia ser ambas as totalidades. Era o pequeno deus de uma cidadela amorosa minuciosamente cuidada por uma mulher. Mas para essa mulher a felicidade devia assumir a forma de uma quietude absoluta, de uma intimidade celular, de um retiro acolchoado. Ele era, por sua vez, o *magister ludi* autoritário, orgulhoso e, muitas vezes, insolente de um império musical feito na medida de seu gênio. Devia governar o mundo sem deixar de governar sua casa. Quando Mahler nega a Alma o direito de continuar compondo canções – Alma havia começado a compor – e exige que ela nunca mais se dedique a isso, institucionaliza o amor e o transforma em uma reserva de caça particular. A partir desse momento, o amor não tem outro inimigo senão essa privacidade, não tem outro inimigo senão eles próprios. Freud talvez pôde ver a questão desse modo: o dramático mundo de um criador dotado para encher de música o século XX e, ao mesmo tempo, incapacitado para viver o comum, maravilhoso e egoísta amor de um casal de amantes. Por isso é obrigatório ler em sua música. Ler em Mahler. Cada um de seus acordes tem esta leitura: o mais despojado e generoso testemunho de uma solidão entorpecida e egotista. Reconhecer-se nele é reconhecer os próprios limites. Reconhecer-se nele é transcender os limites. Reconhecer-se nele é – "com as asas que conquistei para mim hei de voar" – saber-se no desejo do todo. Como suas sinfonias. Como ele aspirava que fossem. Como são quando o gigante se derrama, e lá, ao longe, um homenzinho torpe e ególatra chora a perda de um amor ilusório. Esse amor que a dedicatória da Oitava Sinfonia tenta recobrar: "Dedicada à minha querida esposa Alma Maria Schindler Mahler – 1910". Talvez a obra mais ambiciosa e oceânica de Mahler dedicada a essa mulher, a essa menina (Alma tinha então 31 anos), que recebia através dessa sucinta linha a difícil eternidade de um amor carente. Desejou levar seu par a esse lugar onde se observa o divino. E acontecia que o divino era estritamente de sua propriedade. Alma recebia por meio das transações uma dedicatória íntima e culposa. A mais tardia, cândida e reparadora dedicatória da história da música. Pouco e muito ao mesmo tempo. A insolência abandonada. A ausência impressa. Uma rubrica agônica feita pelo homem capaz de parir o canto da terra. "A música – a forma de arte em que a unidade real como tal se torna potência e símbolo – é o próprio ritmo do universo", escreveu Schelling. Nesse ritmo, Alma, muitas vezes, representou o silêncio. Esse silêncio de que Mahler necessitava para seus acordes de palpitantes certezas.

A Oitava Sinfonia finalizada anos antes – em 1906, de Maiernigg, Mahler escrevia a Willem Mengelberg: "Acabo de terminar minha Oitava. É a mais importante que fiz até agora. Seu conteúdo e sua forma são tais que não posso descrevê-los. Imagina o universo inteiro vibrando e ressoando. Agora não se trata de vozes humanas, mas de planetas e sóis em plena rotação" –, a Oitava, como dizíamos, lança um grito religioso que tem muito de súplica terrena e de elementar pedido de ajuda. O *Veni Creator Spiritus!* está inserido no exato limite em que a morte próxima, o amor interrogado visceral e a busca de Deus se superpõem a partir da angústia e da fé em um titânico e antagônico esforço para se deslocar e se potencializar reciprocamente. Essa "exagerada" ambição, esse vasto jogo imaginativo feito na medida do espaço cósmico, esse esgar transcendental onde o êxtase, a visão da glória, o esplendor celeste e o desalento da culpa e da finitude jogam dialeticamente, nota por nota, seu xadrez metafísico, essa Oitava em sua portentosa hierofania é um dos auges de intensidade artística a que homem algum jamais chegou. Mahler é ali a própria expressão da paixão utópica, isto é, triste, isto é, obsessiva. O absoluto – tão ansiado – se revela a ele mas, ao mesmo tempo, continua inacessível, distante, sempre misterioso. E, nessa distância entre o desejo jamais totalmente satisfeito e seu objeto – O Reino do Absoluto –, surge com desesperada precisão o rosto demiúrgico do deus Mahler. "Hoje, ensaio geral, parte segunda. E também Deus (Mahler) viu que era bom!", escreve de Munique a Alma Mahler, em junho de 1910. Esse interjogo entre o diferente e o permanente, o excesso e os limites,

Deus e a neurose, é o movimento interno, a própria pulsação de que somos feitos. Quando se quer ver na Oitava um monolítico credo religioso, um conceito univalente do mundo e de nós mesmos, nega-se o que Mahler tinha de essencial, nega-se esse canto interno que é, ao mesmo tempo, a angústia e o canto luminoso de nossa própria vida. Nega-se essa ambivalência mítica que é sua força e sua mensagem. Arrisco ainda mais, eu creio que Mahler temia o silêncio, e esse medo não se aprende nem se transmite: desenvolve-se dia a dia no mais fundo de nós mesmos. Mahler faz música para neutralizar dentro de si o intenso silêncio que pode chegar a ser insuportável. A cadência de um vazio assustador. E nessa cadência estão incluídos Alma e Deus. Aqueles que sofreram na própria pele as insondáveis vicissitudes de um silêncio na linguagem musical mahleriana sabem que nesse momento a aparição de um acorde, de um som, é uma defesa, uma máscara, uma confissão e talvez um exorcismo. E embora "toda sensação de absoluto seja religiosa" (Novalis), talvez nada seja mais absoluto – juntamente ao desejo – que esse silêncio. Kafka poderia voltar a ratificar essas intuições. E tanto ele como Mahler mantêm o olhar ao desejo, ao silêncio e à morte. E nessa queda de braços – aquele jogo de nossa infância que era ganho não pelo mais forte, mas pelo mais hábil – eles vencem. E perdem. Desde a laceração moral de Dostoiévski até a luta faustiana pelo conhecimento, desde seus questionamentos dirigidos a si próprio e seu desde onde e para onde, desde seus enigmas impreteríveis a suas vacilações permutáveis, desde esse homenzinho que se coloca entre parêntesis ao lado de Deus até sua humaníssima vulnerabilidade, tudo em Mahler é o som de um gigante. Cabe relatar, através da narração de Alfredo Casella, a estreia da Oitava em 12 de setembro de 1910, em Munique, ou seja, no mês seguinte de seu encontro com Freud. Casella escreve: "À direita e à esquerda os 500 coristas da Gesellschaft der Musikfreunde de Viena e do Riedelverein de Leipzig; no centro as 360 crianças da Zentral-Singschule de Munique (delas, 300 eram meninas vestidas de branco); diante das crianças, os sete cantores solistas. No alto, o órgão, e sobre sua tribuna sete músicos tocando quatro trompetes e três trombones. Defronte, um estrado. A sala, fervente de ansiedade, explode subitamente numa aclamação formidável. Um homem abre passagem e se inclina ante os aplausos. Em seguida, o mais profundo silêncio sucede à agitação. A um gesto do homem os coros se levantam quase militarmente. Um potente acorde do órgão, e explode do fundo de 500 peitos o grito ardente: "Veni Creator Spiritus!". Ali, entre os presentes, estão Stefan Zweig, Thomas Mann, Richard Strauss, Arnold Schönberg, Willem Mengelberg, Siegfried Wagner, Bruno Walter, Otto Klemperer, William Ritter e o próprio Alfredo Casella. Alfred Roller, colaborador inestimável de Mahler nas montagens da Ópera de Viena, membro ilustre da Secessão, conta uma história daquela época. Em certa ocasião, perguntou a Mahler por que ele não compunha uma missa. Depois do ensaio da Oitava, Mahler lhe diz prazerosamente: "Esta é minha missa!". E em outro dos ensaios, encolerizado, grita ao céu: "Tu não és o Pai, és o Czar!". Federico Sopeña Ibáñez acrescenta: "Mahler, não acreditando em dogmas, esses dogmas que no inconsciente coletivo são inseparáveis da 'segurança', da 'respeitabilidade' e não menos da riqueza, é religioso do mistério, do mistério da vida e da morte, do mistério que se aproxima da noite – *Um Mitternacht* – em uma mescla pungente de chamado sem esperança de resposta e de hino. Judeu não praticante, depois católico não praticante, acreditando no mistério da Terra para o homem e em um céu de brinquedo só para crianças [...] tira de seu tempo a paixão pela técnica e, contra seu tempo, a afirmação, como anarquista, da primazia da paixão. É o músico dos existencialistas, porque o que eles, desde Kierkegaard a Kafka, buscaram em Mozart – a mais pungente melancolia, a exata descrição do 'paraíso perdido' –, Mahler encarnou". Sopeña que, não esqueçamos, é um autêntico espírito religioso, retrata com essas palavras um Mahler tal qual é vivido por nós: um escravo da morte que tuteia com a eternidade, um pusilânime que não teme o futuro, um lamento da dor feito canção terrena, e um homem conflituoso em sua identidade, obstinado por reingressar no útero purificado e sereno. Mahler escreve a Alma em junho de 1909: "Tudo aponta, a princípio obscuramente e depois passo a passo, para esse momento supremo que, embora além da expressão e mesmo apenas suspeitado, toca o próprio centro do sentimento [...]. Porém, o que sentimos, o que suspeitamos mas nunca alcançamos, é indecifrável. Àquilo que nos leva com sua força mística, o que todo aquele que veio ao mundo sente com absoluta certeza como centro de seu ser, ao que Goethe chama 'o eterno feminino', ou seja, o lugar de repouso, a meta, em oposição ao esforço e à luta para alcançar tal meta (o eterno masculino), tens muita razão de chamá-lo de a força do amor". E acrescenta: "Goethe expressa isso com uma clareza e precisão crescentes na figura da Mater Gloriosa, personificação do Eterno Feminino". Essa carta de junho de 1909 é posterior ao momento em que Mahler dá por terminada sua Oitava Sinfonia e, ao mesmo tempo, imediatamente anterior ao seu encontro com Freud. Um ano mais tarde escreverá a Alma: és o centro de meu ser. Quer dizer, o ansiado refúgio. Essa é a força do amor para Gustav Mahler: um elemento que conduz misticamente ao ventre apaziguador. Freud escreveria: "Não se concedeu aos mortais ocultar completamente seus segredos". Mahler tampouco pôde. Ali, em meio à sua inquietude transcendente, ao seu estremecimento sagrado, à sua devoção pelo universo e sua religiosidade no mistério, estava seu mais remoto segredo: o desejo do ventre, o absoluto de um útero que tudo adia, a mais ilusória plenitude de regresso ao paraíso perdido, a obstinada fantasia da cidadela de Deus, ou seja, o corpo de uma mulher. Por isso Alma, Freud, as contraluzes de um mundo reincidentemente religioso e, ao mesmo tempo, religiosamente terreno, e a Oitava Sinfonia integram o primeiro movimento deste mandato secreto. "Busco repouso para meu solitário coração", cantaria em *Das Lied Von der Erde*. Em setembro de 1910, de Bad Tölz, Mahler recebe o seguinte bilhete por causa da estreia da Oitava: "Prezado Senhor: esta tarde, no hotel, fui incapaz de expressar-lhe quão profundamente agradeço ao Senhor a impressão que experimentei em 12 de setembro. É para mim uma imperiosa necessidade oferecer-lhe ao menos uma pequena mostra de meu reconhecimento, razão pela qual rogo que o senhor aceite este livro – meu último livro – que envio junto. Certamente é uma pobre compensação pelo que recebi, uma mera insignificância para o homem que, segundo creio, expressa a arte de nosso tempo na forma mais profunda e sagrada". O livro era *Alteza Real*. Quem assinava: Thomas Mann.

Na cidade das reticências um macaco judeu busca a Deus

segundo movimento

a cidade dos sonhos
identidade negada
a ópera de viena
sinfonias: da quarta à sétima

"Poucas cidades foram menos generosas que Viena para reconhecer em vida aqueles homens que proclamaria heróis culturais depois de sua morte. Limitando-nos à música, podemos citar Franz Schubert, Hugo Wolf e Arnold Schönberg. Mas o caso de Gustav Mahler é particularmente esclarecedor desta duplicidade. Pois ao mesmo tempo que era celebrado como o maior dos diretores que havia elevado a Ópera Imperial a uma proeminência até então inigualada, era denunciado como um compositor corrompido por causa de sua origem judia."

A Viena de Wittgenstein
Allan Janik e Stephen Toulmin

"E agora meu desejo para seu quinquagésimo aniversário é que você possa voltar logo à nossa odiada e amada Viena. E que se sinta inclinado a atuar aqui, mas não o faça, porque esta canalha não o merece; ou que você não sinta nenhuma inclinação a fazê-lo, mas o faça, para nossa alegria, porque talvez o mereçamos."

Arnold Schönberg
(carta a Gustav Mahler de 5 de julho de 1910)

"O sentimento de triunfo devido à libertação está por demais mesclado à tristeza, já que, apesar de tudo, amei muito a prisão da qual acabo de sair."

Sigmund Freud
(com relação à Viena, ao exilar-se em Londres
6 de junho de 1938)

"Tu não podes imaginar a que ponto chega a minha tristeza. Eu não posso ajudar em nada aos meus e devo ver como as ondas se quebram sobre eles sem poder estender-lhes a mão. Como me sinto estrangeiro e solitário! Toda minha vida não passou de um imenso 'mal du pays'."

Gustav Mahler
(carta a Fritz Lohr enviada de Leipzig)

Em seu romance *Reigen*, escrito em 1900, Arthur Schnitzler – a quem Freud reconhecia como seu "duplo" – desenvolve uma série de diálogos em que, no centro de cada conversação, há umas reticências que indicam o momento em que acontece o ato sexual, entre a prostituta e o soldado, o soldado e a criada, a criada e o filhinho de papai, o filhinho de papai e a senhora casada, a senhora casada e seu marido, o marido e a jovem operária, a jovem operária e o poeta, o poeta e a atriz, a atriz e o conde, e, por fim, o conde e a prostituta. Essas reticências expressam como ninguém, com discreta frivolidade, a Viena de 1900. A Viena de Mahler. Viena era essa série de reticências. Não podia preenchê-las com descrições, mas tampouco podia evitá-las, qualquer que fosse a classe social que os determinava. É natural, claro, pensar que entre essas reticências nasceu Freud. Como um aspecto sintomático de uma sociedade que gestava seu canto do cisne, Viena vivia das reticências e das meias palavras. Uma sociedade de luva branca que amavelmente dizia não, uma sociedade de tiques formais que muitas vezes ocultavam a rejeição, uma sociedade de sorrisos sutis que adiavam todo compromisso, uma sociedade de trejeitos delicados e caretas que simulavam a mais áspera mesquinharia. Naturalmente, a vida vienense não era caracterizada apenas por esse evangelho tangencial. "Raramente se encontraria uma cidade na Europa em que a aspiração à cultura fosse mais apaixonada do que em Viena. Como a monarquia austríaca havia, há muitos séculos, abdicado de suas ambições políticas e não havia tido nenhum êxito de destaque nos campos de batalha, o orgulho patriótico havia se convertido em vontade imperiosa de conquistar a supremacia artística", escreve Stefan Zweig em *O mundo de ontem*. A burguesia havia encontrado na arte um instrumento barométrico: media a pertinência social e econômica dos austríacos com inusitada precisão. Viena era chamada "A Cidade dos Sonhos", e uma outra matiz dessa complexa sequência histórica era fornecida pela taxa de suicídios entre intelectuais: a mais alta da Europa. Alguns exemplos: Ludwig Boltzmann, pai da termodinâmica estatística; Otto Weininger, o polêmico autor de *Sexo e caráter*; Georg Traktl, poeta lírico excepcional; Eduard van der Nüll, desenhista da Ópera Imperial; os três irmãos mais velhos de Ludwig Wittgenstein, filósofo-chave do pensamento europeu; Otto Mahler, irmão de Gustav Mahler e músico, também, de especial talento. Poderíamos citar muitos mais. Talvez esses disparos fossem premonitórios de uma crise que anos mais tarde abalaria terrivelmente toda a Europa. Mas, naquele momento, a boa mesa, a música, as reticências, a literatura, os fogos de artifício da discussão intelectual, o beija-mão imperial, eram as manifestações sensuais de uma sociedade profundamente entregue ao prazer e ao sentimento estético e que de fato dançaricava sobre uma delgadíssima neblina que ocultava um vulcão à beira da erupção. É notável como os próprios intelectuais – desde os lúcidos, os desesperados, os apaixonados, até os que enfiavam a cabeça na areia – viviam essa neblina com sentido pessoal. "Era a idade de ouro da segurança. Tudo em nossa Monarquia austríaca, com mais de um milênio de antiguidade, parecia fundamentado na duração, e o próprio Estado parecia a suprema garantia dessa perenidade. Qualquer transformação, qualquer violência, parecia quase impossível nessa idade da razão", escreve Stefan Zweig. Mas o vulcão estava por baixo, o que logo seria a crise do império, a iminente catástrofe do que Robert Musil chamou de "O Império de Kakania" (derivado das iniciais K. K., que se pronunciavam "kaka", que derivam de "Kaiserlich Königlich", isto é, "Imperial e Real", com que se distinguiam todas as instituições principais do Império dos Habsburgo). Não escapa a ninguém, claro, a intenção satírica de Musil.

Janik e Toulmin se expressam assim: "Um verniz de valsas e de creme batido era a superfície de uma sociedade cavalgada pela desesperança". A formulação reagente a tais ansiedades ocultas era a frivolidade cortesã e a indiferença pelo destino do mundo alheio. "Isso não me concerne: a Europa morrerá de usar essa máxima", diria Gustav Mahler nessa época. E, paradoxalmente, toda Viena era uma efervescência complexa e barulhenta de ideias. Uma Viena onde a alta sociedade, os círculos pequeno-burgueses e o proletariado estavam insuperavelmente divididos em compartimentos rígidos e em que os emissários da "comunicação" entre tais estamentos sociais eram – como conta Schnitzler – as prostitutas. É curioso assinalar que Stefan Zweig e Hitler tinham recordações similares dessa Viena. O humanista e o paranoico genocida coincidiam em alguns critérios e, sobretudo, em algumas impressões emocionais. Uma Viena subterrânea, com bairros pobres e sórdidos bordéis, prostitutas "ponte" e mesquinhas indiferenças se instalou na retina de ambos. Hitler designava isso como o foco da "contaminação do sangue". O conhecido temor que Hitler tinha das doenças venéreas e seus problemas sexuais vieram a ser inseparáveis de seu temor religioso-político ao demônio, de quem os judeus eram a encarnação. Stefan Zweig o escrevia de outra maneira: "De certo modo era como a sombria estrutura de um sótão que sustenta a imaculada e brilhante fachada do edifício cerimonial da sociedade burguesa". A justaposição de uma elite intelectual universalmente educada; o pressentimento de uma catástrofe próxima; a existência de poetas e filósofos, músicos e matemáticos, teóricos e visionários, misturando sua cerveja nas tavernas com os mais ressentidos representantes da confusão e com os autores das mais desatinadas pseudoideologias; a Sachertorte[4] sempre presente nos abarrotados cafés da Kaertnerstrasse ou do Graben as prolongadas discussões sobre o sentido da arte; a figura desgastada do velho liberal Franz Josef ("Perante a lei todos os cidadãos eram iguais: nem todo mundo, certamente, era cidadão", escreve Robert Musil); e, no meio de tudo isso, a absoluta perfeição que havia conseguido a

---

[4] Sachertorte: bolo de chocolate, uma das mais famosas especialidades gastronômicas de Viena. (N.T.).

Ópera – honra da cidade – nas mãos do inaceitável Gustav Mahler; essa aglutinação, essa justaposição, dizíamos, foi a matriz geradora do movimento criador multifacetado mais notável da história. Só, e não sabemos quanto, Atenas e Paris poderiam reivindicar esse entusiasmo: "Todo o Século XX nasceu nessa pequena Viena: inacreditável!", dizia-me Luis Rosales, conversando sobre essa época. Nessa "Viena inacreditável" – centro da esfera cultural austríaca que compreendia ao mesmo tempo as populações de língua alemã de Praga e de Budapeste, bem como as de pequenos povoados, e nem sempre da Boêmia e da Morávia – foi um golpe de sorte que acontecessem Anton Bruckner, Gustav Mahler, o crepúsculo da música tonal e o nascimento da música dodecafônica através de Arnold Schönberg, Alban Berg e Anton Webern? Foi casual que simultaneamente – no espaço de alguns poucos anos – nascessem a arquitetura funcional com Adolf Loos, o pensamento psicanalítico com Sigmund Freud, os fundamentos do positivismo lógico e da filosofia linguística com Mach, Schlick, Carnap e Wittgenstein, a literatura revolucionária de Franz Kafka, a pintura da Secessão com Gustav Klimt, Kolo Moser, Carll Moll – "sogro" de Mahler – e Egon Schiele, o espaço arquitetônico de Otto Wagner, as cenografias definitivas de Alfred Roller, o apaixonado pincel de Oskar Kokoschka, a poesia personalíssima de Richard Dehmel, Peter Altemberg e Rainer Maria Rilke, a urticante capacidade polêmica de Karl Kraus, "o mais vienense dos escritores vienenses"? Somemos a essa abundante casualidade o nascimento, talvez de causa a efeito, dos nacional-catolicismos e do sionismo de Theodor Herzl? Nesse mundo saturado de contradições e exacerbado de genes fundadores de índole variada, Gustav Mahler havia se apoderado da Ópera e ali havia instalado a autoritária hierarquia de seu gênio. Dez anos de governo absoluto e de sucessos que não podem se repetir, de surdas contendas cotidianas e de consciente trabalho criador fizeram da Ópera de Viena o templo mais sagrado e perfeito da música dessa época. Mas chegar a isso não foi simplesmente "soprar e fazer garrafas".

Naturalmente que tentar penetrar nesse mundo vienense e no que esse ambiente tão complexo e de transgressões tão opostas devia

TEATRO COLON

Concesionarios:
FAUSTINO DA ROSA - WALTER MOCCHI

Empresa:
WALTER MOCCHI y Cía.

MARTES 14 DE AGOSTO

A las 21.15

SEGUNDO CONCIERTO DE ABONO

a MARTES y VIERNES

POR LA

FILARMONICA DE VIENA

bajo la dirección del maestro

RICARDO STRAUSS

PROGRAMA

I.

1ra. Sinfonía en re mayor . . . . MALHER
    Lento
    Muy agitato
    Solemne e moderato
    Muy agitato

II.

Obertura Coriolano . . . . BEETHOVEN
Concierto en mi bemol para piano y orquesta . . BEETHOVEN
    Allegro
    Adagio. — Un poco mosso. — Rondo
    Allegro ma non troppo

Al piano: Señor ALFRED BLUMEN

III.

Muerte y Transfiguración. (Escena Sinfónica) . . STRAUSS

NOTA. — Durante la ejecución de las obras, no se permitirá la entrada a la platea.

afetar a personalidade de Mahler, obriga a transitar brevemente pela situação do judeu – não do judeu assumido, que havia poucos no mundo intelectual, mas do judeu envergonhado, que havia muitos – e sua singular inserção social. Esse conflito da identidade poderia ser sucintamente revelada nessa sequência do pensamento de Rebeca e León Grinberg em seu livro *Identidade e mudança*: "A identidade autêntica é 'ser algo' enquanto que estar atuando 'como algo' é uma pseudoidentidade. Atuar 'como algo' é atuar como a sociedade exige e implica uma identidade precária, falsa, que se assume por carecer de capacidade para 'ser algo' e que implica a submissão passiva à sociedade e a suas exigências". Essa síntese de Rebeca e León Grinberg – clara e, ao mesmo tempo, suscetível de novas perguntas, entre as quais assomam rapidamente o que significaria a identidade para Mahler, o que representaria a submissão e, ao mesmo tempo, poderia Mahler ser o gigantesco criador que era dentro de uma identidade falsa, precária? –, essa síntese, dizíamos, com uma sociedade que exige e um indivíduo que falsifica a si mesmo para conseguir se adaptar a ela, mesmo que seja só ilusoriamente, gera ainda outras reflexões.

A abominável instituição dos guetos data da Idade Média, época em que se temia a influência dos judeus sobre a fé cristã. Durante centenas de anos, centenas de famílias judias viveram assim, num espaço minúsculo e em condições horríveis de higiene e salubridade. Privados de todo direito e jogados em imundas cloacas, essa fustigada população aumentava sem cessar apesar da miséria e da doença, acarretando consequências de degeneração física que podem explicar em parte a frequente mortalidade infantil (vários irmãos de Mahler – seis, exatamente – morreram quando crianças). Mesmo depois da abolição dos guetos, uma lei iníqua, que só será revogada depois de 1848 (a *Familiengesetz*), não reconhecia para o primogênito de uma família judia o direito de casar-se, e os menores deviam aceitar ser considerados filhos naturais ou deviam imigrar. Essa lei obrigava os judeus a pagar impostos especiais e, em certos lugares, a portar uma faixa amarela de identificação. Durante o governo da imperatriz Maria Teresa, pensou-se na expulsão dos judeus, para depois se chegar a um acordo com relação a lhes permitir residir somente em uma região pobre, escassamente povoada: as colinas tcheco-morávias do sudeste da Boêmia. Isso explica, claro, a origem morávia ou boêmia de Mahler, Freud, Kafka, Zweig e muitos outros.

Em 1860 – faz pouco mais de cem anos – o imperador Franz Josef promulga o Decreto de Outubro pelo qual os judeus podiam mudar de residência. Pouco a pouco, uma parte considerável da população vienense vai sendo integrada por judeus. Fugindo das perseguições sistemáticas da Europa Oriental e aproveitando a política indulgente de Franz Josef, os judeus chegam a Viena. Por outro lado, enquanto o grosso dos emigrantes dos setores rurais e de origem campestre se converte em proletários industriais, os judeus continuam fiéis ao único ofício permitido por aquelas políticas indulgentes: ser comerciantes, mediadores entre o grande capital e a população. Formam, assim, uma elevada proporção da classe média baixa. Necessitados de inserção estável, temerosos da perseguição sofrida e do futuro incerto, apressados por uma identidade conflituosa e pela sede de um sucesso utilitário apaziguador, não demoram, diligentes e empreendedores, a prosperar economicamente. Segundo um clichê do folclore humorístico vienense, o judeu da primeira geração era mercador ambulante, vendendo de porta em porta seus tecidos ou suas panelas. Os famosos *cuentenikes*,[5] imortalizados pela novelística da Europa Central. Seus filhos chegariam a ser abastados comerciantes, industriais ou banqueiros, ao passo que a terceira geração seria composta de intelectuais, advogados, médicos, escritores e jornalistas. E havia muito de verdade nesse clichê. Os judeus de origem húngara, boêmia (Mahler, Freud, Kafka), morávia ou galícia tinham atrás de si uma longa tradição de raciocínio abstrato nas escolas do Talmud: uma vez assegurada a estrutura econômica da família, pretendiam aperfeiçoar a si próprios por meio de seus filhos e os enviavam à Universidade, embora isso significasse realizar grandes sacrifícios. Em 1890 – Mahler tinha então 30 anos – uma terça parte de todos os estudantes da Universidade de Viena eram judeus. Muitas

---

[5] *Cuentenikes* eram trabalhadores judeus não qualificados que vendiam a prazo e de porta em porta. A palavra significa os que levam as contas. (N.T.)

raízes do antissemitismo nacional-socialista nascente se nutririam dessa desproporção. Quero lembrar, a propósito desses comentários, uma lenda que circulava pela Boêmia naquela época. Diz-se que, quando nascia um menino, seus pais colocavam uma colher de prata ao lado de uma de suas mãos e um violino junto à outra. O objeto que as mãos do menino tocavam primeiro haveria de determinar seu futuro, e assim, com o tempo, se converteria em um abastado comerciante ou em um pobre músico. Essa anedota – que serve para compreender a psicologia de muitos pais como o de Franz Kafka – não nos serve totalmente no caso de Mahler: se esse ritual foi praticado ao nascer o músico, a imprevisível sabedoria do pai de Mahler fez com que se estabelecesse uma nova maneira de entender a profecia. Lutou com uma audácia obstinada, quase querelante, para conseguir que seu filho chegasse a "abastado comerciante" através da música. A colher de prata e o violino não eram para Bernhard Mahler elementos incompatíveis, pelo contrário. A música podia ser o meio mais idôneo para permanecer com a colher de prata. Algum dia será preciso produzir uma justiça mais explícita do que a simples desconsideração de Mahler para com seu pai, justiça a esse homem repressor e – à sua maneira – clarividente. Outro aspecto do rápido acesso dos judeus ao mais alto nível intelectual também se viu reforçado por uma circunstância singular. Ao contrário dos tchecos, croatas, húngaros e romenos que afluíam a Viena, os judeus falavam alemão desde sua infância (ou pelo menos o "iídiche", um dialeto germânico antigo enriquecido de vocábulos de diferentes línguas e que, em si mesmo, podia expressar a origem geográfica do judeu que o falava), o que os livrava de um dos maiores obstáculos com que se confrontavam os membros de outras nacionalidades. À medida que se inseriam, os judeus se transformavam em fervorosos admiradores e defensores da cultura alemã. Até a chegada progressiva do genocídio nazista, os judeus vivam esse "sim é não" em que a negação, a idealização, a culturalização, o pangermanismo e a renúncia à identidade primária permitiam a ilusória fantasia de pertinência e homogeneidade. Hitler derrubou essas presunções em pouco tempo, mas, como dizíamos, até sua irrupção na história, os judeus do Império Austro-Húngaro puderam – a partir do Diploma de Outubro – assimilar-se facilmente e, dessa maneira, escalar posições no social, no científico e no artístico, apesar das sistemáticas críticas dos antissemitas. Um exemplo que tem muito de espetacularmente singular por seu estilo, embora comum em sua discriminação xenofóbica, é o seguinte fragmento de William Ritter sobre Mahler, publicado em 1905 em um dos periódicos mais populares de Praga: "De minha parte já não renuncio a impugnar nada porque eu estou capturado por Mahler como o foi por Heine a imperatriz Elizabeth. Em todo tempo esses pequenos israelitas salamandras, que vivem da paixão e cujos fogos de artifício desarmam seus mais irredutíveis adversários, são, não por eles mesmos nem por sua raça, mas por seu espírito e pela obra de desagregação dessa raça sobre a nossa, um verdadeiro perigo. Mas hoje, de bom grado ou por força, e certamente mais por força do que de bom grado, eu aceito o gênio de Mahler. Estas páginas são o ato pelo qual eu católico, eu tradicionalista, eu antissemita, rendo minhas armas ante a obra desse bruxo judeu nietzschiano". Como esse, poderíamos encontrar múltiplos testemunhos que percorrem a variada literatura da época. Alguns dos nomes de judeus convertidos ao cristianismo ou totalmente assimilados darão outra imagem desse espinhoso e emaranhado labirinto: Gustav Mahler, Bruno Walter, Karl Kraus, Arthur Schnitzler, Arnold Schönberg, Theodor Herzl, Joseph Roth, Hugo von Hofmannsthal, Otto Weininger, Max Reinhardt, Franz Werfel, Jakob Wasserman, e alguns incluem nessa lista significativa os nomes de Gustav Klimt, Robert Musil e Peter Altemberg. Victor Adler – destacado homem político e fundador do socialismo austríaco, que casualmente viveu na mesma casa que Freud, em Bergasse 19, onde Mahler assistia a reuniões do partido – declarava, ao ser perguntado sobre sua identidade judia: "Ser judeu é estar contra a idolatria". Um dos poucos que conservou sua identidade primária foi, justamente, Sigmund Freud (e alguns de seus discípulos), mas não devemos esquecer que o próprio Freud mudou seu nome de Sigismund para Sigmund, dado que o primeiro era o nome usado pelos caricaturistas satíricos antissemitas para designar, de maneira ofensiva, o judeu austríaco em geral. Sigmund, pelo contrário, designava um herói nibelungo que inspirou Richard Wagner. "Doía-me minha pertinência à fé judaica porque me colocava numa situação de inferioridade em relação aos meus condiscípulos, entre os quais me tornava um estrangeiro", escreveria Freud nessa época. "É necessário permanecer aqui, Marthe? Se é possível, instalemo-nos onde a dignidade humana seja mais respeitada. Nenhuma ideia me parece mais deprimente que a de um dia ter meu túmulo no Cemitério Central de Viena", confirmaria em carta à sua noiva, Marthe Bernays, depois sua esposa. Anos mais tarde, os professores alemães e austríacos denunciariam a psicanálise como "uma fraude judia". Creio que esses episódios freudianos são significativos para evidenciar ainda mais a difícil situação dos judeus naquela época, apesar do controlado liberalismo de Franz Josef. Em 1900 – lembremos que Mahler completava 40 anos – foi publicado em St. Polten um folheto intitulado *Aus dem Jahre 1920. Ein Traum vom Landtags und Reichsrathsabgeordneten Dr. Joseph Scheicher.*[6] O autor, que depois seria prelado e o mais fiel seguidor do Dr. Karl Lüger, burgomestre de Viena, dizia ali: "Em certa ocasião, enforcamos em Viena 300 judeus em um dia. Nos estados polacos e húngaros tivemos que enforcar milhares antes que os canalhas compreendessem que não estávamos brincando". Nessa mesma sequência histórica Ernest Schneider, um dos mais ativos militantes do socialismo cristão pediu publicamente que os judeus fossem fisicamente extirpados e propôs uma recompensa por cada um que fosse morto a tiros. O Partido Pangermânico de Georg Schönerer usava a insígnia "um judeu enforcado como adorno para a corrente do relógio". O próprio Lüger, em um célebre pronunciamento antissemita no Parlamento do Estado, denunciou "o inacreditável fanatismo do ódio judeu" e continuou: "O que são os lobos, os leões, as panteras, os tigres, os próprios homens, ante esses depredadores disfarçados de humanos?". Lüger é citado por Hitler

---

[6] *Do ano 1920: conforme foi sonhado pelo representante parlamentar o Doutor Joseph Scheicher.* (N.T.)

em *Mein Kampf* como um de seus mestres mais notáveis dos anos passados em Viena (1909-1912).

Grupos de choque do Partido Pangermânico assolavam jornais e periódicos, destruindo as prensas e golpeando o pessoal para conseguir "o afastamento da influência judaica de todos os setores da vida pública". Como se vê, debaixo da Sachertorte, sob uma capa açucarada de esteticismo hedonista, escondiam-se as mais intensas contradições e humilhações de um Império indiscutivelmente já destinado a morrer. A mesma Viena, que, como dissemos, chamava a si própria "A Cidade dos Sonhos", era descrita por Karl Kraus – seu mais agudo crítico social – como "o campo de provas da destruição do mundo". Nessa irrevogável decadência um homem havia revolucionado a vida musical dos vienenses. Um "macaco judeu" – como o chamou o cantor Theodor Reichmann quando Mahler "ousou" lhe corrigir uma ária, e a quem anos mais tarde chamaria de "o deus Mahler" –, com seu rigor, sua tenacidade e sua pertinácia pela música, convertia Viena no elixir quintessenciado do pentagrama de começos de século.

Como esse "macaco judeu" chega a dirigir o templo mais reacionário dessa turbulenta e, ao mesmo tempo, comedida Viena Imperial? Como chega a esse lugar de preeminência absoluta o homem que havia dito enfaticamente: "Fui três vezes exilado: boêmio para os austríacos, austríaco para os alemães e judeu para todo o mundo. Em todos os lugares, um intruso"? Como consegue substituir o estrelismo pelo conjunto, transformar a rotina em um inimigo, intranquilizar a monotonia, desmistificar a mentira teatral, exorcizar a comodidade e a falta de empenho, o artista que suprime a claque e estimula os melhores aspectos competitivos dos homens sob sua direção? À força de rigor, de tenacidade, de devoção pela música. Durante os últimos meses de 1896 Wilhem Jahn, Kapellmeister da Ópera, está próximo de sua aposentadoria. Enfermo – Mahler sempre chegou a seu objetivo através da repetida enfermidade de seus antecessores, coisa que ele assinalava como um ritual mágico –, doente do corpo mas ao mesmo tempo de burocracia e de ausência de inquietações, Jahn pede para ser substituído. Um dos candidatos para sucedê-lo é, sem dúvida, Mahler, apesar da pertinaz oposição dos núcleos antissemitas e de Cosima Wagner. A seu favor, conta com o apoio de Anna von Mildenburg, soprano culta e relação amorosa de Mahler em Hamburgo, que intercede junto à sua mestra Rosa Papier para que esta, por sua vez amiga íntima do diretor da Chancelaria, interceda junto a ele. De Budapeste chegam também apoios incondicionais: "Este artista descomunal trabalhou admiravelmente em Budapeste. Eu sou um conhecedor da matéria e afirmo que é um dos melhores diretores de orquestra de nosso tempo [...] Jamais encontrei uma natureza de artista tão plenamente harmoniosa. Pergunte a Brahms o que pensa da representação de *Don Giovanni* dirigida por Mahler e indague a Goldmark que efeito produziu nele *Lohengrin*", escreve o conde Albert Apponyi a Wlassack, o diretor da Chancelaria, que tinha a última palavra sobre a nomeação. Claro que outras cartas chegam às suas mãos, referindo-se a Mahler como "judeu" e como "louco exaltado". Franz von Beniczky também escreve de Budapeste: "Seus méritos compensarão amplamente sua fragilidade nervosa". Mahler, o sempre exilado – "o exílio é a pátria invertida", definirá Rilke –, busca obstinadamente ser aceito. Realizar o velho sonho de todos os seus anos. Para isso orquestra todas as influências possíveis. Porque a Áustria é sua pátria e "o lugar predestinado do artista". O intruso, o exilado, o "morto vivo" que Kafka assinalava, quer deixar de sê-lo: Viena pode ser o remédio definitivo para seu *mal du pays*. O passo mais conflituoso, mais doloroso e comprometido ao mesmo tempo, é facilitar essa nomeação sonhada e eliminar o obstáculo mais concreto: sua identidade judia. Sob a pressão de Anna von Mildenburg e de suas próprias reflexões, Mahler se converte ao catolicismo em 23 de fevereiro de 1897, na Kleine Michaelskirche de Hamburgo. Anos mais tarde, Alma Mahler escreveria: "Mahler nunca negou sua origem judia. Ao contrário, destacou-a. Era um crente no cristianismo, um judeu cristão, e arcou com as consequências. Eu era uma pagã cristã e saía impune". Talvez faça sentido recordar uma das tantas histórias que, no decorrer da vida de Mahler, matizam esses aspectos de sua personalidade. Quando jovem, foi rechaçado em um teatro por conta de seu "nariz judeu".

Hugo von Hofmannsthal

Quando, anos depois e em razão de sua fama crescente, o mesmo teatro ofereceu a ele o posto de diretor, Mahler telegrafou recusando-o com este simples texto: "Recuso oferecimento *stop* nariz sem alterações". E assim esse "homem de gênio" – como Tchaikovski o chamou – triunfa contra as conspirações e os prejuízos à força de talento excepcional: em 1º de maio de 1897 Mahler é nomeado diretor de orquestra do Hofoperntheater de Viena. Antes já havia se apresentado oficialmente com *Lohengrin* e obtido um retumbante sucesso. Diante da oposição de Cosima Wagner, a resposta é apresentar-se com uma ópera de Wagner e chegar a ser um dos maiores diretores wagnerianos de todos os tempos. Cosima, não obstante, nunca o convida para dirigir em Bayreuth. Em 21 de julho de 1897, é nomeado diretor adjunto e, em 8 de outubro, Diretor Artístico com "todo o poder" em suas mãos. A partir desse dia Mahler é o único responsável por tudo o que aconteça ou deixe de acontecer na Ópera vienense. Aos 37 anos ocupa o posto mais elevado que um músico pode aspirar. Daí em diante não dependerá de ninguém além do Imperador. Mahler, então, empreende mudanças substanciais: não admite que uma obra não seja representada na íntegra, faz do palco um recinto sagrado onde a mensagem do músico deve ser transmitida tal qual foi escrita, não tolera que se sacrifique a autenticidade de uma obra ao estilo do "bel canto", exige quase tiranicamente de cantores e músicos a maior perfeição possível, suprime a claque como dissemos, proíbe a entrada dos retardatários na sala depois de começado o concerto ou a representação, proíbe, além disso, qualquer demonstração de entusiasmo por um cantor no curso da obra, multiplica os ensaios. Mahler é, na realidade, um possesso, e com uma missão. Ali Bruno Walter aprende que a música é uma força moral, e o músico o grande sacerdote. Por isso, Sopeña intui naquelas representações verdadeiras missas; eu as chamaria de experiências efervescentes à procura de Deus. Nesse caso, a religiosidade não é apenas a legalização das alucinações, mas o corpo onde se celebra o armistício entre o homem e Deus. A cotidianidade também transita suas prerrogativas nesse devir. Dificilmente passa um dia sem que se produza algum escândalo no seio da Ópera. Demissões, queixas, cóleras, sensibilidades feridas, estrelismos ultrajados, nada dobra a vontade de Mahler que impõe jornadas exaustivas de trabalho. "Bato com a cabeça contra a parede, mas é a parede que terá o buraco", escreve Mahler ao Príncipe Montenuovo quando este, em nome do Imperador, lhe reprova os escândalos. "Não é possível fazer reinar a ordem aqui senão graças a um extremo rigor que qualquer espírito alerta deveria então aprovar e considerar saudável. Que eu não seja lembrado no futuro mais que na medida em que tenha alcançado um mínimo de dois escândalos por semana", torna a ratificar. A fascinação que sua personalidade exerce quando sobe ao *podium* é intensa. O próprio William Ritter, inimigo e admirador ao mesmo tempo, cujo estilo já pudemos apreciar anteriormente, escreve: "Este necromante de fraque mal cortado, este homenzinho negro de lábios delgados e barbeado, que tem a fisionomia de um mau sacerdote, a calma fantástica do encantador de serpentes diante de suas cobras e uma mecha de crina no alto de um crânio dolicocéfalo, pasma a uma orquestra louca, pálida de atenção, quase somente com seus olhos negros, agudos como línguas de víbora, e mantendo sob controle, ora excitando, ora apaziguando, os dragões desencadeados do extremo da pequena batuta". E diria depois: "Rebelo-me contra ele, mas o admiro". O homenzinho que havia escrito "eu tive que andar toda minha vida com bolsas de terra atadas a meus pés" transforma a Ópera de Viena em sua resposta, seu lar, seu evangelho e talvez sua tumba. Cioran o teria chamado um domador de abismos. Nele, a experiência interior, a extrema lucidez, o sobressalto, o domínio de si mesmo, a paixão concentrada, o amor obstinado, a própria pele potenciam-se reciprocamente. "Ali estava em pessoa – escreve Bruno Walter – pálido, magro, de baixa estatura, um rosto alongado, a testa larga e emoldurada por uma cabeleira muito negra, os olhos atentos atrás dos óculos, seu semblante tinha ao mesmo tempo uma expressão dolorosa e zombadora". Nessa Viena onde se gestava pouco a pouco um sinistro futuro, os artistas como Mahler acreditavam no progresso da humanidade e em sua mensagem cultural e ética. Stefan George chamou a isso de "dias de belo entusiasmo". Mahler intérprete acreditava não só em si mesmo mas na redentora missão da arte. Inimigo da tradição mal-entendida – "o que se chama tradição é habitualmente desculpa para a indolência", havia dito num de seus aforismos mais conhecidos – e respeitador do novo ("eu não entendo a música de Schönberg, mas ele é jovem e talvez tenha razão", diria a Alma num de seus frequentes arroubos), Mahler, o *Unzeitgemässe*, o inoportuno, como se autointitulava, defende suas ideias contra todos, luta contra a crítica e contra o próprio público, "impõe um Mozart humano e um Wagner sem retórica", como escreve Federico Sopeña, e todo seu exigente organograma não tarda a ficar justificado. A ópera vienense se transforma num reduto intocável, na vanguarda do século, na cidadela de um grande artista temperamental e definitivo. Só dessa maneira se podia alcançar tal triunfo. Só com essa madeira humana podia se instalar a grandeza. Talvez essa anedota evidencie pitorescamente esse temperamento, essa obstinação: O Imperador exigiu a contratação de uma cantora com a qual parecia ter relações particulares. "Está bem – disse Mahler – mas não a deixarei subir ao palco." Ao que o príncipe Montenuovo respondeu que era desejo expresso do Imperador que o fizesse. "Bom – respondeu Mahler – suponho que terá que aparecer. Mas sob uma condição: mandarei imprimir no programa 'Por ordem de Sua Majestade, o Imperador'." Viena, que prepara a celebração do quinquagésimo aniversário do reinado de Franz Josef, assiste, entre estupefata e orgulhosa, a essa transformação de sua Ópera para iniciar o período mais brilhante de sua história. Mahler, enquanto isso, não se descuida de outros aspectos de sua vida. Nesses anos, nesses dez anos intensos em que Mahler governa Viena, escreve quatro de suas sinfonias (da 4ª à 7ª), rubrica as *Kindertotenlieder* (*Canções sobre as crianças mortas*), conhece Alma com quem se casa, aproxima-se do grupo da Secessão do qual se sente "seu adaptador musical", aprofunda sua amizade com os protagonistas do caso Dreyfus para quem organiza um "concerto em homenagem secreta", chama Bruno Walter para seu lado – que se transforma num dos seus discípulos e intérpretes mais notáveis –, diagrama uma obsessiva ordem vital que transforma seus minutos em horas e seus sonhos numa máquina ao mesmo tempo delirante e realista que produz sem cessar. Nessa década de febre criadora, de embriaguez, de funcional rigor, de metamorfose obstinada, Mahler dá à sua busca de absoluto uma respiração quase corporal, uma linguagem orgânica. Ao mesmo tempo que proclama seu caráter único e sua personalidade avassaladora, sua fatigante tarefa torna-se irritante para os círculos desejosos de seu fracasso. Os ataques jornalísticos se sucedem dia após dia. E esses ataques – onde não se dissimulam as motivações políticas ou ideológicas que os geram – não se produzem só em Viena. Em junho de 1901, Mahler faz uma turnê por Paris com a Filarmônica de Viena. Os cartazes de publicidade desses concertos dizem, em lugar de Gustav Mahler, Gustav Malheur (desgraça). Em novembro do mesmo ano Mahler estreia sua Quarta Sinfonia em Munique, que é vaiada em consequência das crescentes campanhas antissemitas e pelo apoio de Mahler aos *dreyfusards* em Paris, dos quais é amigo íntimo: Georges Clemenceau, seu irmão Paul, Paul Painlevé, Berthe Zuckerlandl e o próprio Coronel Picquart, valente protagonista do caso. Todos sabemos que nesse embaraçoso assunto – protótipo da mentalidade regressiva que assomava com o século – o antissemitismo tradicional se une à técnica criminal dos processos pseudopolíticos de grande espetáculo para inaugurar uma fórmula que teria, em todo correr desse século, sinistros seguidores no mundo inteiro. Mahler, que por múltiplas razões de busca individual e de estratégia profissional, havia se convertido pouco antes ao catolicismo, uma vez Diretor da Ópera de Viena se solidariza com o Capitão Dreyfus e seus amigos e rechaça a manipulação reacionária do caso. Nesse mesmo ano, em 7 de novembro de 1901, na casa de Berthe Zuckerlandl, Mahler conhece Alma Maria Schindler, filha de Emilio Schindler, pintor paisagista morto em 1892. A beleza de Alma o atrai intensamente. Culta, inteligente, sensível a toda manifestação de arte, estudante de música, curiosa e profusamente relacionada com o ambiente vienense, Alma Maria também se interessa profundamente por Mahler. Nessa época Alma vive um romance com Alexander von Zemlinsky, diretor de orquestra e professor de Schönberg. "Deveria estar envergonhada de minha atitude – escreve a ele – mas a imagem de Mahler vive dentro de mim! Teria que lançar esta erva venenosa em outro lugar. Meu pobre, meu pobre Alex! Se o poema tivesse sido seu!" O poema a que Alma se refere é um poema "anônimo" que Mahler deixa em sua casa alguns dias depois de se conhecerem. Essa imagem de Mahler, tão fortemente invasora do mundo afetivo de Alma, se transformará, anos mais tarde, naquela motivação quase maternal que Alma ressalta como o maior atrativo de Mahler: "Seu desamparo infantil encheu-me o coração". A mãe de Alma está casada em segundo matrimônio com Carl Moll, que é, junto com Gustav Klimt, cabeça do movimento da Secessão. Mahler começa a enviar poemas a Alma e a convidá-la para os ensaios. A relação cresce, e em 9 de março de 1902, na Karlskirche de Viena, celebra-se o casamento. No dia seguinte sua irmã Justine se casa com Arnold Rosé, primeiro violino da Filarmônica de Viena. Há muito tempo enamorada de Rosé, Justine não quis deixar Mahler sozinho. Este dirá mais ou menos as mesmas palavras. Essa relação provocou diferentes teorias interpretativas sobre o verdadeiro vínculo que unia os ditos irmãos. É justamente na casa de Berthe Zuckerlandl que acontecem as primeiras reuniões secretas que provocam o êxodo da Academia e levam à Secessão. A relação de Mahler com eles leva William Ritter a dizer: "A música de Mahler avança no século, do qual é reflexo fiel. Se esta música se executasse no espaço arquitetônico de Otto Wagner arrumado por Gustav Klimt e Kolo Moser, ela simbolizaria a Viena moderna". Esse movimento – apaixonante em seu desenvolvimento e em suas realizações, que tem ainda hoje em Hundertwasser sua expressão mais fascinante – se sintetizava num pensamento que coroava seu repúdio da tradição quietista e das formas congeladas: "A cada época sua arte, a cada arte sua liberdade". Diziam em sua declaração de princípio: "Nós queremos uma arte que ignore a xenofobia. A arte estrangeira deve nos estimular. Deve nos fazer refletir sobre nós mesmos, deve nos levar a apreciar, a admirar o que ela tenha de digno. Nós repudiamos uma só coisa: a imitação". Gustav Klimt, Kolo Moser, Alfred Roller e Emil Orlik (todos nascidos na mesma década que Mahler) formaram o grupo principal dessa oxigenação essencialmente expressionista que se modela com a admirável obra de Klimt, com suas pinturas onde o predomínio do ouro e da prata as transforma em verdadeiros ícones contemporâneos e onde a Art Nouveau tem excelente expressão, e se estende até a deslumbrante paixão de Oscar Kokoschka e seu alucinado pincel, passando pela obra dramática, intensamente vívida e doída de Egon Schiele. Seria Kokoschka, apaixonadamente enamorado de Alma, quem imortalizaria essa arte em sua famosa tela *A tempestade*, Basileia, 1914.

Nesses anos, dizíamos, Mahler, "compositor de verão" como chamava a si mesmo – porque só em férias podia se dedicar plenamente à criação –, compõe febrilmente. Com sua Quarta Sinfonia termina o ciclo das sinfonias com voz humana, que retomará na Oitava, como já vimos. Inicia o ciclo das três sinfonias puramente instrumentais. Essa sequência tem início em Steinbach-am-Attersee (zona de lagos muito povoada por artistas naquela época) e continua em Maiernigg, onde Mahler manda construir para si uma pequena cabana de verão à margem do lago e onde se transforma num monge enclausurado. Stuart Feder da *Revista Internacional de Psicoanálisis*, num estudo especializado, sugere a possibilidade de sobrepor essa cabana de clausura ao mundo interno de Mahler. Em ambos Mahler se encerra e só sai deles uma vez finalizada sua obra. No caso anedótico, suas saídas acontecem apenas para comprar papel de música. Enquanto isso, Alma copia as partes acabadas das novas obras. Depois da jornada, caminham longamente pelo bosque. Em momentos de exaltação ou de pura necessidade de se comunicar, Mahler toca suas composições no piano para que Alma dê sua opinião. Uma anedota desses dias é o seguinte diálogo:

Mahler [executando a Quarta ao piano]: Gostas?

Alma: Acho que Haydn fez melhor.

Mahler [rindo]: Viverás o suficiente para mudar de opinião.

"Minha atividade criadora é hoje a de um adulto, a de um homem de profunda experiência. Embora não repudie minhas antigas cotas de entusiasmo exaltado, atualmente me sinto em plena posse de meus poderes e de minha técnica, percebo que domino meus meios de expressão e me considero capaz de realizar qualquer coisa que me proponha." Mahler escreve isso antes de iniciar sua Quinta Sinfonia. Essa segurança, essa cumplicidade com o futuro e com seu destino expressava-se em outros momentos de sua vida, até mesmo em momentos nos quais as frequentes oscilações de seu ânimo pareciam minar essas certezas. Sua obstinada e inquisitorial capacidade de sempre se questionar se destacava acima de tudo. Escrevia a Alma em 1901: "Aquilo que nos completa e portanto nos une é um poder que está fora e acima de nós. Um poder que devemos reverenciar como nossa religião. Se em tais momentos pronuncio o nome de Deus, o opressor sentido de teu amor e do meu, te permitirá compreender que este poder nos abarca a ambos e deste modo consegue uma unidade [...]. Estou certo de que se se pedisse a Deus que fizesse um programa do mundo que criou, não poderia fazê-lo. Ainda no melhor dos casos, diria tão pouco sobre a natureza de Deus e da vida como minhas análises de minhas próprias sinfonias [...] tomara que minha vida seja uma bênção para a tua, para que chegues a ser capaz de reconhecer o divino e reverenciar em silêncio o inescrutável". Junto a essas plenitudes, esses apetites solidários: "Em essência não podemos ser totalmente felizes enquanto existam outros que não o sejam". E, por corolário, essa história contada por Alma: um dia Mahler volta da Ópera, caminhando, como sempre. É primeiro de maio, e ele se depara, em seu caminho, com uma manifestação operária. Mahler acompanha os operários por longo trecho e sente-se olhado fraternalmente. Chega em casa e diz a Alma: "Eles, sim, são meus irmãos, porque eles são o futuro". E é esse mesmo futuro – que logo se frustraria terrivelmente – o que assoma no nascimento de sua primeira filha, em 3 de novembro de 1903. Em homenagem a sua mãe decidem chamá-la Maria, embora normalmente seja chamada de Putzi. Quando Mahler toma conhecimento de que foi um parto de nádegas, diz a Alma chorando de alegria: "Sem dúvida é minha filha pois imediatamente ensinou ao mundo o lado que merece". Putzi era frágil e adoecia com frequência. Foi uma autêntica paixão de seu pai. No ano seguinte nasceria Anna, chamada Guckerl. Mahler compõe a única canção de amor de sua vida, dedicada a Alma. Anos mais tarde, como já sabemos, dedicaria a "sua amada esposa Alma Maria Schindler Mahler" sua impressionante Oitava Sinfonia. Mas já eram outros tempos.

Mahler continua, dia a dia, sua peleja com o mistério e a sua reorganização férrea da atividade musical vienense. Em 1901, aproveitando uma hemorragia que o obriga a permanecer inativo por uns dias, a Filarmônica o substitui por um diretor medíocre. A partir desse dia, Mahler se dedica por inteiro à Ópera, e, em 1903, faz uma parceria com Alfred Roller que a leva ao período mais glorioso. Esse período se abre com *Tristão*, imediatamente seguido por insuperáveis versões das óperas mozartianas. Suas permanentes contradições, suas mudanças de caráter, sua "fragilidade nervosa" fazem do autor de *Kindertotenlieder* um cíclico habitante das emoções mais opostas. A aparente segurança – e às vezes não só aparente – que demonstra em certas sequências permanece sempre condicionada a seu *habitat* metafísico, seu sentimento de intrusão e sua certeza de grande criador. Num momento depressivo escreve: "Que sinistras trevas se escondem sob a existência? Para que servem estas penas e estes sofrimentos? Como a crueldade e o mal podem ser obra de um Deus misericordioso? Nos revelará a morte o sentido da vida?". E assim, em imutáveis oscilações, continua seus exaustivos esforços para compreender, para dar carne ao fantasma, para corporificar as trevas, para penetrar no significado último da vida (e da morte). Esses "porquês" eram ao mesmo tempo seu dilaceramento mais aflitivo e seu estímulo criativo mais fecundo. Browning o expressou lindamente: "Quando nos sentimos mais seguros acontece algo, um pôr de sol, o final de um coro de Eurípedes, e outra vez estamos perdidos". Para Mahler, qualquer resposta era sempre provisória, qualquer plenitude estava submetida ao cruel espelho da fugacidade, qualquer estremecimento era tudo isso e nada mais que isso: um estremecimento. Tinha a tenacidade sobre-humana de um iluminado e, ao mesmo tempo, a inconstância anímica de um espírito vigiado e tenso. Não era feliz. Não era desgraçado. Era. Apenas era. A única coisa realmente intolerável para ele tinha relação com a falta de ardor. "As palavras são postas a perder porque a estupidez e os sentimentos tíbios as desgastam", escreve a Alma. E em outro momento: "Que alegria permanecer dentro de minha obra! E que plenitude de amor!". Por último: "Nos reencontramos com nós mesmos na solidão. E ali, de nós até Deus só há um passo". Por tudo isso, essencialmente por essa insistência diante da dúvida e por sua desesperada necessidade de uma inserção estável ou do absoluto (seria o mesmo para ele?), sua vida e sua obra não são só um combate pela liberdade e a resposta, mas pela ansiada paz. Aaron Copland – admirador da música de Mahler – diz: "A diferença entre Beethoven e Mahler é a diferença entre observar um grande homem caminhar rua abaixo e observar um grande ator interpretando o papel de um grande homem caminhando rua abaixo". Essa profunda ironia de Copland tem várias leituras. Beethoven era sua própria segurança, sua própria certeza de grandeza inabalável. Mahler era um intruso que devia conquistar com prepotência obstinada seu lugar no mapa dos homens, sobretudo em um ambiente que nunca o aceitou inteiramente. Isso fazia com que precisasse levar sua imaginação a extremos – inclusive no nível de sua indubitável grandeza – exagerando seu gesto e sua linguagem sonora. Devia acreditar-se verdadeiramente um importuno. Devia crer muito pouco em seu justificado, legítimo direito a esse lugar estável, porque um intruso nunca deixa definitivamente de sê-lo, pelo menos no sentido dessa sensação inquietante que sempre o habita e que o ameaça com a possibilidade de voltar a sê-lo a qualquer momento. "Começa-se sendo abatido a pauladas para depois ser transportado para o ponto mais alto sobre as asas dos anjos", escreveria Mahler quando de seu triunfo em Viena. Mas Rilke já o havia estigmatizado: "Quando se ousou voar como os pássaros, só se deve saber mais uma coisa: cair". E nessa "queda" estão todos os sinais de interrogação: o que descansa no obscuro fundamento de nossas vidas, o que semeia de dúvidas o verdadeiro significado da liberdade, o que questiona sobre por que o afã e por que a aflição, o que coloca parêntesis ao amor e à própria morte, o que sabe da pele trêmula de um intruso, enfim, o que conhece que na solidão está o medo mas talvez a resposta para que se possa dirigir

Alma com as filhas

ao coração dos homens. Mahler indagou as respostas em todos os lugares possíveis, na música de Mozart e Wagner e Bruckner, na poesia de seu próximo e na sua própria, na filosofia de Schopenhauer, de Kant e de Nietzsche, na alma profunda de Fiodor Dostoiévski ("Como, Schönberg? O que acontece? Seus alunos não conhecem Dostoiewsky? Isso é mais importante do que o contraponto!", diria a seu amigo), nas ruas pobres dos guetos judeus que visitava, em Freud, nos rumores da natureza, na captura do ser, nas solícitas carícias de Alma. Nada resulta definitivo, salvo a queda. Somos sempre náufragos – como dirá Félix Grande – com licença. Tudo será dissolvido pelo mar, até nossa inocência primeira. Mahler busca e sabe. Esse desvelamento do impossível é façanha de náufragos, ou seja, religiosa. Tudo é miragem e não é. A queda, poderia ser a queda sem fim no infinito? Perdoem-me essa neblina. Mas quero acrescentar só mais uma coisa: cair é um gozo? O que é o gozo de ouvir Mahler? Aquilo que se padece? Aquilo que se crê possuir? Aquilo que dá uma identidade momentânea ao corpo e suas sensações? Aquilo que decifra uma chave definitiva? Aquilo que assoma como uma ordem oculta? Aquilo que desencadeia um fluxo misterioso no qual poderíamos nos deixar morrer? O que é o gozo, um escrito hieroglífico no idioma do absoluto? Um discurso musical que se fragmenta em cada novo estremecimento? Talvez. E em cada fragmento, nós, fragmentados, talvez desassossegados mas melancólicos e sedentos desse mistério em si. Mahler diria em *Um Mitternacht*: "Nenhuma estrela sorriu à meia-noite [...] Senhor da Vida e da Morte, tu és quem vela à meia-noite". Essa desventurada clarividência, esse saber, é o que certamente torna não fácil a audição da obra de Mahler. É preciso aprender com ele a tolerar a explosiva mescla de angústias e beleza, de vida e morte, que são seus pentagramas. Essa sensação que "em muitos momentos chega a ser insuportável", como disse Eduardo Castellote. Esses momentos que colorem até sua Quarta Sinfonia, a mais explícita, breve e prístina de suas obras, mas que também tem o agridoce sabor do mahleriano. Em seu segundo movimento a Quarta está sob o feitiço do autorretrato de Arnold Böcklin, em que a Morte penetra no ouvido do pintor com música de violino, enquanto este permanece sentado e transfigurado. Não nos sucede exatamente isso em múltiplos momentos da música de Mahler? Impressionado pelo dito autorretrato, o autor de *Um Mitternacht* faz com que o primeiro violino afine um tom acima a fim de produzir o efeito não terrestre do "violino da Morte". Uma verdadeira dança macabra "onde a morte conduz o baile". Mahler observa à margem dessa sequência: "O violino deve soar como um *fidl*". Significa simplesmente que deve soar como um violino judeu. Ou seja, com a morte, a vida e a intrusão cavalgando as cordas. No Terceiro Movimento, Mahler confessa a Bruno Walter que, nesse Adágio, teve uma visão que mostrava "um desses sepulcros de igreja com uma figura de pedra deitada representando um defunto com os braços cruzados sobre o peito em atitude de eterno sono". É uma das mais serenas criações de Mahler. No Quarto Movimento aparece a voz humana através de uma canção muito amada por Mahler e que canta luminosamente a alegria inocente de um divertimento habitado pela natureza. O *lied* é de *Des Knaben Wunderhorn* e se intitula *O céu está semeado de violinos*. Mahler rebatiza essa canção popular bávara como *A vida celeste*. Para ele é uma mescla de travessura ("sem paródia") e misticismo profundo. É uma invocação ingênua do paraíso onde se vê os seres humanos ocuparem-se dos jardins cheios de frutas e verduras. Os críticos – muitos deles inimigos incansáveis – definem a Quarta como "um fragmento para Alhambras ou Moulins-Rouges, não para uma sala de concertos" (Vincent d'Indy), ou de "pequenos *lieder* inchados para convertê-los em sinfonias", ou de "trivial complacência de um sentimentalismo de costureira". Nesses dias, Arnold Schönberg escreve: "Um conhecido crítico chamou as sinfonias de Mahler 'pot-pourris sinfônicos gigantes'. Eu acho isso muito natural. Porque o grande artista deve ser castigado de algum modo durante sua vida, em troca de honras que lhe serão rendidas mais tarde". Quando Bruno Walter o visita em Steinbach-am-Attersee, ao descer da embarcação começa a olhar a paisagem a seu redor. Mahler o interrompe imediatamente: "Não tem nada que olhar! Tudo está em minha música!". As contínuas explosões da artilharia inimiga não impedem que Mahler siga seu caminho inapelavelmente. O "velho Gustl", como assina algumas de suas cartas a Alma, tem o olhar posto em nós, seu futuro. E não se engana. Hoje é seu tempo.

Somente um ano separa a Quarta da Quinta Sinfonia e, não obstante, Mahler muda substancialmente seu enfoque sinfônico. Abandona temporariamente a palavra e se aloja somente no mundo orquestral, o qual transforma. Seus movimentos – dos quais a Marcha Fúnebre inicial é para mim o mais intenso que a música já ofereceu, essa *Trauermarsch* que multiplica os batimentos do pulso como um gigante diapasão – são cinco. Visconti, em seu filme *Morte em Veneza*, popularizaria definitivamente o célebre Adagietto. Não é minha intenção nem minha possibilidade percorrer esses movimentos em sua textura musical, em seu desenho e engrenagem técnico-orquestral. Quero apenas dizer que Walter a define como algumas vezes apaixonada, outras, selvagem, heroica, exuberante, ardente, solene ou terna, "percorrendo toda a gama das emoções", e acrescenta: "É uma dessas obras-primas que nos mostram o criador no apogeu de sua existência, de suas faculdades e de sua arte". A Sexta Sinfonia, chamada a *Trágica*, é descrita por Mahler da seguinte maneira: "O herói que recebe três duros golpes do destino, o último dos quais o abate como a uma árvore". E acrescenta: "Minha Sexta suscitará problemas cuja solução não poderá ser alcançada senão por uma geração que me conheça e tenha assimilado verdadeiramente minhas primeiras cinco sinfonias" (carta a Richard Specht). Alma conta que Mahler, voltando do bosque, diz a ela: "Tentei retratar-te em um tema e não sei se o consegui. Mas terás que aceitá-lo". É o grande tema lírico do primeiro movimento. No que será o segundo movimento descreve as brincadeiras arrítmicas das crianças pequenas que correm ziguezagueando na areia. O terrível é que essas vozes de crianças se tornam cada vez mais trágicas até que, finalmente, a mais débil se extingue gemendo. Premonição do que aconteceria com sua filha Maria? No último movimento aparece o tema dos três golpes do destino. Alma diz: "Nenhuma obra nasceu mais do seu coração do que esta. Então choramos os dois. Sentíamos profundamente esta música e os pressentimentos que incluía". Pouco depois Mahler receberia em sua própria carne os três duros golpes mencionados, com a particularidade de que qualquer deles o derrubaria "como a uma árvore". O próprio Mahler regeu a Sexta no Festival Alemão de Música de Essen de 1906, onde foi uma das obras mais discutidas, mais polêmicas. Arnold Schönberg escreveria a ele depois do concerto: "Meu querido Maestro: quero lhe dizer quão profundamente me impressionou a grandeza da obra que ouvi hoje. Não posso abster-me de lhe dizer que, no mundo, tal música só pode nascer de um homem, e esse homem é Mahler. Sempre o amei muito – talvez somente você não o saiba –, mas hoje sei por quê". Finalizava com essa admirável entrega: "Beijo suas mãos mil vezes. Seu. Arnold Schönberg". Alban Berg, muito impressionado, também diz: "A única Sexta apesar da Pastoral de Beethoven". Alma Mahler conta: "Nenhuma de suas obras o comoveu tão profundamente ao ouvi-la pela primeira vez (assinalemos que Mahler nunca chegou a escutar *A canção da terra* nem a Nona Sinfonia). Chegamos aos ensaios finais e ao último movimento quando se produzem os 'golpes do destino'. Ao terminar, Mahler começou a caminhar para cima e para baixo no camarim dos artistas, gemendo e retorcendo as mãos, incapaz de controlar-se". Essas palavras de Alma parecem sugerir que Mahler realmente estava invadido de fortes, de intensas premonições, de augúrios sinistros que "adivinhavam seu futuro". Um ano mais tarde – apenas um ano mais tarde – os três golpes do Destino haviam acontecido: durante a Primavera é solicitada sua demissão da Ópera (já veremos como); em julho falece sua filha Maria aos quatro anos, de difteria, e dois dias mais tarde, num exame médico de rotina, é diagnosticada a doença cardíaca mortal de que sofria. Mahler, que era supersticioso e que havia abolido o terceiro golpe do destino na execução da sinfonia, não pode exorcizar o dramático suceder dos acontecimentos que o derrubam. Os golpes foram proféticos, e ali está sua Sexta para nos lembrar deles infinitamente. Bruno Walter diz dela: "Sua síntese é que a existência é uma carga, a morte, desejável, e a vida, odiosa". Não obstante, nesses dias Mahler é um homem feliz e seguro de seu destino. Estreia a Quinta, rege a Quarta em Amsterdã com Mengelberg (executada duas vezes no mesmo concerto: uma vez regida por Mengelberg, e outra por Mahler), estreia em Viena a sua Terceira com grande êxito, termina os *Kindertotenlieder*, sente-se pleno em sua vida familiar, é cumulado de honras como diretor, e suas obras são tocadas cada vez com maior frequência. Nos verões de 1903 e 1904 brinca com suas duas filhas e desfruta lendo histórias para Maria. No final dessas férias terminou a Sétima, "o reaparecimento significativo do romantismo", segundo Walter. Com suas *Canções sobre as crianças mortas*, Mahler volta ao inquietante tema da morte e incomoda Alma: "Concebo que alguém se ponha a compor sobre textos tão horrorosos (poemas de Rückert sobre a perda de seus filhos) quando não se tem filhos ou se acaba de perdê-los. Porém, pode-se cantar as crianças mortas depois de haver beijado e abraçado as suas meia hora antes, alegres e transbordantes de saúde? Pelo amor de Deus, Gustav, estás brincando com fogo!". Deviam ser outros os caminhos do pensamento de Mahler como resultado dessas canções: o filho morto de Rückner se chamava Ernest, como seu irmão morto; a morte havia ceifado a vida de seis dos seus irmãos quando crianças, a maioria de difteria; Justine quando era criança colocava velas ao redor de sua cama, depois se deitava, acendia as velas e acreditava firmemente que estava morta enquanto Gustav participava dessas brincadeiras. Todas essas melancólicas armadilhas da memória deviam incidir no espírito criador de Mahler, mais do que as reflexões angustiadas de Alma. Porém Alma acabou tendo razão. Assim como os golpes da Sexta. Por outro lado, o ambiente da Ópera começa a se esvaziar. Continuam os escândalos, as críticas maliciosas, as manobras subterrâneas, as pressões de todo tipo, a crescente presença da censura. Um exemplo disso: Mahler quer estrear em Viena a *Salomé* de Richard Strauss, para o que deve pedir uma autorização. O episódio se transforma num autêntico *affaire*, e finalmente seu pedido é recusado. Mahler – irritado – viaja com Alma para Graz, para a representação de *Salomé*. Os problemas e as interferências se multiplicam e o próprio Mahler começa a se cansar da luta interminável. Os incidentes com o Príncipe Montenuevo também aumentam, e até com o próprio Alfred Roller, com o qual – cansados ambos – começam a acontecer desentendimentos pela encenação de certas obras. O ano de 1907 seria o ano dos três golpes do Destino que o herói da Sexta havia profetizado em seu último movimento. Em razão de novos incidentes devidos à negação de uma permissão para Mahler viajar a Roma ("São-lhe concedidas permissões com muita frequência", assinala o comunicado oficial), ele se vê obrigado a renunciar. O primeiro golpe atrai os outros dois. Em 5 de julho morre Maria: Mahler não sai da cabeceira de sua filha em momento algum e, entre lágrimas, a entretém contando-lhe histórias, como havia feito com seu irmão Ernest. Esse segundo golpe o abate sensivelmente. Dois dias depois, Alma desmorona e um médico amigo a assiste. Mahler tenta fazer brincadeiras para levantar o ânimo de sua mulher, entre elas desafia o médico a examinar seu coração para demonstrar a ela sua fortaleza e saúde. O médico entra na brincadeira, faz o exame e diz a Mahler: "Eu não me orgulharia de ter um coração assim". É então que Mahler toma conhecimento de que sofre de uma gravíssima doença cardíaca. Produziu-se o terceiro golpe. O homenzinho genial que escreveria a Alma: "o que um homem faz de si mesmo, o que chega a ser através do infatigável esforço para viver e ser, é permanente" cai fatigado e enfermo. Enquanto isso, Montenuovo não encontra substituto para Mahler: ninguém quer assumir tamanha responsabilidade. Tenta uma reintegração, mas dessa vez é Mahler quem se nega a aceitar com o pretexto de uma viagem à América, que realmente levará a cabo. Em 24 de novembro se despede com sua Segunda Sinfonia, *Ressurreição*: a sala está quase vazia, o público o abandona, já não continua a seu lado. O mais inesperado e doloroso isolamento se faz presente para Mahler. Não obstante, em sua mensagem de despedida (publicada em 7 de dezembro de 1907) diz: "Aos membros da Ópera Imperial e Real: chegou o momento em que encerramos nossas atividades comuns. Abandono uma equipe que me é muito querida e não me resta nada além de dizer-lhes adeus. Deixo atrás de mim uma obra inacabada, sem terminar como eu havia sonhado, imperfeita, incompleta: assim é o destino do homem. Não sou o indicado para decidir o que minhas atividades puderam acrescentar àqueles a quem estavam destinadas. Que me seja permitido, contudo, num momento como este, assegurar: minhas intenções eram honestas, meus objetivos, elevados. Nem sempre o êxito coroou meus esforços. O artista está mais subordinado que qualquer outro ser humano à 'resistência da matéria', à 'perfídia do objeto'. Não obstante, me comprometi por completo, sacrificando minha pessoa ao meu trabalho, meus prazeres ao dever. Por não ter poupado a mim mesmo, pude exigir dos demais um esforço excepcional e sem descanso. No ardor da luta, no entusiasmo da ação, não faltaram golpes e feridas, nem a vós nem a mim [...]. Acreditai que me haveis dado valor numa tarefa difícil e frequentemente ingrata, aqueles de vós que me apoiaram em minha luta, creiam no meu mais cordial agradecimento. Aceitai meus melhores votos em prol de vosso futuro pessoal e para a prosperidade desta Ópera Real, da qual acompanharei também, com o mais vivo interesse, seus destinos vindouros". Essa mensagem foi colocada no quadro de avisos da Ópera. No dia seguinte foi arrancada por mãos anônimas. Certamente Mahler voltaria a recordar, naqueles momentos, uma carta dirigida a seu amigo Fritz Löhr, escrita em Leipzig 11 anos antes, para o Natal de 1886: "Ontem passei uma triste tarde de festa. Fiquei só comigo mesmo e olhei através de minha janela todas as casas do outro lado da rua, com suas luzes e suas árvores de Natal. Imediatamente pensei na minha casa de família e em meus pobres abandonados que esperam tristemente na escuridão, e depois em todos vocês, meus amigos queridos. Em seguida, tudo se nublou diante de meus olhos, um véu úmido desceu e algumas lágrimas me ocultaram do mundo inteiro, onde meu destino é errar incansavelmente". Em meio à furiosa campanha desencadeada contra Mahler, seu grupo de amigos, "o bando de Mahler" como o chamavam seus detratores, organiza para ele uma homenagem de despedida. Esse grupo é composto por: Peter Altenberg, Hugo von Hofmannsthal, Arthur Schnitzler, Jakob Wassermann, Stefan Zweig, Arnold Schönberg, Kolo Moser, Carl Moll, Gustav Klimt, Ernest Mach e Sigmund Freud. São eles os autores da necessária reparação. Berthe Zuckerlandl escreve em seu diário: "Quando nos despedimos de Mahler, este nos disse: 'No fim das contas levo meu lar comigo, minha Alma e minha pequena. E só agora, que estou liberado da pesada carga do trabalho, sei qual será de hoje em diante minha mais grata tarefa. Alma sacrificou dez anos de sua juventude por mim. Ninguém nunca saberá com que absoluta abnegação ela subordinou sua vida a mim e à minha obra. Continuo meu caminho junto a ela com o coração feliz'". Nessa época Viena perdia o artista, o maestro, de quem Schönberg diria: "Observando como Mahler dava o nó na gravata aprendi mais que em três anos de Conservatório". Mahler, por sua vez, perdia Viena, a depositária de sua grandeza, "o lugar predestinado do artista", a "amada e odiada" Viena de seus triunfos e de seus dissabores. Qual dos três golpes do Destino foi o que realmente o abateu como a uma árvore? Resposta difícil. Como diria Bruno Walter sobre a Sétima: "Nesses três movimentos noturnos, impregnados da emoção do passado, está a revelação de que o mestre do soberbo primeiro movimento e do brilhante rondó final está novamente buscando respostas às perguntas sobre a existência que sempre o perseguiram". Um mergulhador. Um inquisidor desesperado. Um irrenunciável gerador de inquietudes. Um transitador da magnificência e da beleza comovido pela tragédia de viver e de morrer. "A única verdade na terra é nosso sentimento", escreverá a seus amigos. E seu sentimento é o que o torna indiscreto, estranho, alheio, impróprio, inoportuno, proscrito, sempre desterrado, e ali, em meio a toda essa fantasmagoria de exilado, Deus, sempre presente, sempre procurado, perto e longe, como um solitário relâmpago, produzindo a luz e extinguindo-se. Mahler diria: "Eu tenho medo do amor" ou, o que é a mesma coisa, contemplando de sua casa de Maiernigg os prados e o lago: "Uma pessoa não deveria se permitir tanto. É demasiado formoso". O medo, o amor, as dúvidas, a beleza, o atrevimento, Deus. Algo mais?

Da altura de um menino ao náufrago metódico

terceiro movimento
com tua permissão, Luis Rosales

infância prodígio com pais indefinidos
estudante em Viena
percurso de um irredutível iluminado
sinfonias: da primeira à terceira

"Vai até o fim de teus erros, pelo menos de alguns deles, para que possas examiná-los bem. Do contrário, ao te deteres a meio do caminho, tornarás sempre a repetir cegamente o mesmo gênero de equívocos ao longo de tua vida, coisa que alguns chamarão de o teu 'destino'. Obriga o inimigo, que é a tua estrutura, a desmascarar-se. Se não pudeste torcer o teu destino, terás sido apenas um apartamento alugado."

Henri Michaux

"Como o náufrago metódico que contasse as ondas que lhe são suficientes para morrer / que as contasse e tornasse a contar, para evitar erros, até a última / até aquela que tem a altura de uma criança e lhe cobre o rosto / assim vivi, com uma vaga prudência de cavalo de papelão no banho / sabendo que jamais me equivoquei em nada / senão nas coisas que eu mais queria."

Luis Rosales

"Não é preciso ficar na defensiva diante de um pássaro."
François Mauriac

"A independência é apenas uma palavra se minha alma não é livre. E deve-se conquistar esta liberdade por si próprio. De modo que me ajuda a alcançá-la."

Gustav Mahler
(carta a Alma)

Nos tratados firmados imediatamente após a Primeira Guerra Mundial, em 1919, o mapa político da Europa voltou a sofrer modificações substanciais. Entre elas, uma que é essencial para a compreensão desta história: os tratados de Saint-Germain-en-Laye e de Trianon provocam o desmembramento do Império Austro-Húngaro. O Império perde a Boêmia e a Morávia, que se unem então à Eslováquia para formar a primeira República da Tchecoslováquia. Com tais assinaturas, chega ao fim um longo período de dominação imposto à Boêmia e à Morávia – desde o século XVI – pela dinastia dos Habsburgo. Tempos antes dessa novidade geopolítica, em um vilarejo boêmio chamado Kaliště, quase no limite com a Morávia, a avó paterna de Gustav Mahler exerceu seu ofício de vendedora ambulante. Maria Bondy (Lipnitz) havia se casado com o taberneiro Simon Mahler e tiveram oito filhos, dos quais Bernhard era o mais velho. Nascido em 1827, esse seria o futuro pai de Gustav. Muitas vezes Gustav Mahler costumava divertir seu público contando uma história de sua avó (de sua "bobe", como ele certamente a chamava). Desde os 18 anos Maria Bondy ganhara a vida vendendo mercadorias de porta em porta. Quando tinha 80 anos violou alguma nova lei que regia a atividade dos *cuentenikes* e recebeu uma multa que considerou injusta e excessiva. Maria Bondy não tinha a virtude de aceitar a injustiça com docilidade. Apesar de sua avançada idade, foi a Viena, insistiu teimosamente até que conseguiu uma audiência com o Imperador Franz Josef e lhe apresentou, muito irritada, a situação. Depois de receber o perdão imperial, continuou tranquilamente com essa atividade de vendedora ambulante. Mahler relacionava seu orgulho com essa avó e essa história. Justificava sua inflexibilidade, sua vontade de ferro, sua arrogância às vezes intratável e a mordacidade em seus julgamentos, com essa personagem prototípica dos judeus daquela época.

Em tal vilarejo cresceu Bernhard que, seguindo a tradição daquelas famílias sempre famintas de superação, foi um apaixonado pela cultura alemã. Isso não significava, é claro, se aprofundar na dita cultura, mas sim se apoderar dela como um sinal de hierarquia social. É essa a situação que marcará com traços indeléveis a vida e a obra de Gustav Mahler. Pelo caráter universal e conflituoso daquele traço em particular – a "dupla lealdade", as imaginativas formas da estranheza, a montagem do alheio, o *mal du pays*, os múltiplos mecanismos de defesa ante a alteridade – é justificável nos estendermos brevemente nesse proteiforme e autêntico fenômeno de psicologia social. Essa hipocrisia, essa duplicidade marginalizada ou automarginalizada, as motivações históricas que a engendraram, essa dissociação (que Deleuze, com otimismo, classifica de enriquecedora, quando pode ser assumida) era, nesse momento da história da Europa, uma verdadeira dificuldade, muitas vezes um verdadeiro estigma encravado entre a inquietude de ser e o medo de rejeição. A velha frase *Es iz schver tzu zain a id* ("É difícil ser judeu") tinha, no fim do século e na Europa Central, a legitimidade própria de um rompimento. Não muito mais tarde a história produziria a espantosa tragédia que faria desaparecer – entre tantos milhares de famílias judias – a maior parte dos Mahler.

Não sabemos o quanto de estéril terá verdadeiramente essa ruptura, essa duplicidade entre duas culturas, sem terminar por ser aceita nem por uma nem por outra. Marthe Robert, referindo-se a essas "duplas lealdades", assinala o destrutivo, o infecundo, o inútil desse desarranjo. Kafka a define com a palavra "vaguidade" e assinala que "é essa vaguidade o que resultava revoltante". Mais ainda, em carta ao seu pai assinala que a alta proporção de suicídios entre seus colegas do Liceu Alemão de Praga era devida à referida duplicidade, à referida "vaguidade". Esses pais indefinidos, que eram perseguidos como judeus, que admiravam a cultura alemã enquanto conviviam com povos majoritariamente não germânicos, que liam superficialmente o Talmud e Goethe enquanto caminhavam pelas miseráveis ruas de seus povoadozinhos boêmios, que cavalgavam e faziam seus filhos cavalgarem entre duas culturas e, ainda mais, entre duas histórias, uma real e outra nascida das pulsões de sua necessidade de arraigamento, esses pais indefinidos, afirmamos (Hermann Kafka, Bernhard Mahler, Jacob Freud), não eram os responsáveis por tal rompimento. Minha discordância com Marthe Robert, com muitos outros pesquisadores e com os próprios filhos de tais indefinições é absoluta. Kafka diz em sua carta, com clara recriminação de gendarme: "A liberação seria concebível se nós tivéssemos encontrado as duas no judaísmo ou tivéssemos saído unidos". Esse simplismo maniqueísta de um gênio como Kafka demonstra até que ponto o conflito abalava os protagonistas além da lucidez. Encontrarem-se juntos ou retirarem-se juntos: não era possível nem uma coisa nem outra. A indefinição era muito mais que o exercício de uma liberdade: era um rigoroso decreto da vida. A autêntica educação não passava por um inventário de fórmulas simplistas como ser judeu ou não sê-lo. Já dissemos que muitos trataram de escapar dessa intolerável indefinição convertendo-se ao catolicismo. Um caso exemplar dessas vicissitudes é Arnold Schönberg, convertido primeiramente ao catolicismo e tornado a se converter ao judaísmo no começo das perseguições hitlerianas. Essa vaguidade tão difícil de ser assumida é inteligentemente sintetizada por Marthe Robert desta maneira: "Freud nasceu em 6 de maio de 1856; em consequência, três meses depois da morte de Heine, o poeta judeu que por ser também alemão, renano, protestante, parisiense de coração e grego por espírito encarnou, durante cerca de 30 anos, a confusão e a instabilidade de sua geração". Se somarmos a essa enumeração de Marthe Robert o exílio, o marxismo e o revolucionarismo de Heine, a confusão se torna ainda maior. Resgatamos então essa situação: o intelectual judeu germanizado, filho de pais como os já citados, estava, por sua posição e pelas questões de sua identidade, em contínuo, perpétuo conflito consigo mesmo. Por mais que Kafka escrevesse em alemão, que Freud amasse Goethe, que Mahler se sentisse fascinado por Beethoven e Wagner, esse conflito não desaparecia. Imitar os tons, os tiques, os formulismos gestuais e os códigos de uma elite, aspirar fundir-se com ela abandonando as imprecisões, inclusive contribuir para a maior glória dessa cultura desejada e invejada com talento imensamente criador, nada disso servia na hora de serem realmente aceitos, na hora de não serem diferentes nem suspeitos, na hora de sentirem-se autóctones, na hora de tentarem fugir de uma alteridade que os marcava inapelavelmente. E não é por negar a veracidade de tanta conversa fiada dirigida contra seus pais (nem contra tanta literatura "facilista" do comportamento humano) que quero assinalar – como fiz antes – que algum dia será preciso esboçar uma avaliação mais justa, um diagnóstico mais correto no aspecto motivacional, desses pais indefinidos que caracterizaram aquela época de inconstância e desordem.

Existe um personagem criado por Kafka que simboliza, de uma maneira entre irônica e desesperada, essas peripécias da identidade sombria. O conto se intitula *A preocupação de um pai de família*, faz parte do livro *Um médico rural* e foi escrito durante o inverno de 1916-1917. Esse personagem, um carretel de fios emaranhados feito com uma matéria indefinível e dotado de uma espécie de sopro vital, que responde quando é chamado e é até capaz de rir, chama-se Odradek. Esse curioso espécime vivo é um carretel, como dizíamos, de forma plana e estrelada, feito de filamentos de todas as cores, fios velhos e rasgados enlaçados nas pontas, "não apenas amarrados mas emaranhados entre si". Odradek anda e fala. Seu caminhar é coxo, e para andar se apoia numa ponta de sua estrela. Pode se erguer sobre duas patas quando precisa e sua risada é fria, gelada, quase inumana. "Soa como o sussurro das folhas caídas", diz Kafka. O pai de família dirá: "Estaria tentado a acreditar que este sistema teve outrora uma forma útil e que agora é uma coisa quebrada". Esse "menino" – o carretel realmente é muito pequeno – dorme no sótão, nas escadas, no vestíbulo ou nos corredores e parece "não fazer mal a ninguém".

Desaparece durante meses, mas sempre volta fielmente. Seu nome, que instiga o pai a pensar numa origem dupla (eslava e alemã), é totalmente imaginário. Ao mesmo tempo, sua estrela faz pensar em sua terceira origem: a judia. Odradek participa das duas línguas mencionadas e se apoia em três culturas diferentes sem se decidir a reivindicar nenhuma delas. Entre gracioso e sinistro, esse híbrido não tem sentido em si mesmo, nem função alguma. É fortuito, solitário e gratuito. Não simboliza com sua inutilidade e absurdidade a vivência que Kafka devia ter de seu próprio e intangível sentimento de identidade? Esses inumeráveis fragmentos, essas antenas multiplicadas ao infinito, essas mãos estendidas para todos os lados, para todas as culturas, para todas as línguas, para todas as pertinências, não são o complicado labirinto que impede encontrar um caminho condutor e onde tudo foge sempre da possibilidade de uma única significação? Não é exatamente isso o que Kafka recriminava em seu pai através dessa "revoltante vaguidade"? Não é isso a multiplicada e quase dolorosa vibração de uma ambivalência extrema? Em 1921 Kafka escrevia a seu amigo Max Brod: "A maioria dos que começaram a escrever em alemão queria abandonar o judaísmo, geralmente com a vaga aprovação de seus pais (esta 'vaga' é precisamente o revoltante), mas suas patas traseiras estavam ainda atadas ao judaísmo paterno, e suas patas dianteiras não encontravam terreno novo. E do consequente desespero extraíram sua inspiração". Kafka fala de patas como se se tratasse do inseto de *A metamorfose*, escrita alguns anos antes. E aqui seria preciso destacar outro singular aspecto dessa situação. A mesma língua alemã falada por esses judeus de Liceu não tinha quase nenhum contato emocional com a língua alemã falada pelos pais, desarraigados e sem laços autênticos com a cultura de origem. Isso significa que, para maior complicação, falavam um idioma mais conectado com Goethe do que com o meio familiar em que conviviam. Além do mais, enquanto judeu, Kafka era, como assinala Marthe Robert, triplamente suspeito: aos olhos dos tchecos porque não era apenas judeu, mas alemão, e, ademais, filho de um comerciante cujos empregados eram todos tchecos, ou seja, filho de um explorador. Não esqueçamos que Bernhard Mahler era também comerciante, destilador de licores. Essa situação, brevemente resumida graças à genialidade desse angustiante Odradek, dessa tristíssima caricatura, era, naturalmente, a mais propícia para criar nesses filhos da indefinição um profundo sentimento de estranheza, de mal-estar, de insegurança, que devia marcar toda sua vida afetiva e social. Só quero insistir uma vez mais que esses pais devem ser compreendidos no sentido mais estrito da objetividade. Claro que não estamos fazendo a apologia da "vaguidade", mas sim tentando assumir as múltiplas facetas de uma existência dura e contraditória. Havia três possibilidades para encarar a difícil problemática: ser o pária (que era a pressuposta condenação de nascimento e, simultaneamente, a identidade mais primitiva), fingir (que se devia pagar não só com a dita simulação mas também com a própria mentira diante do espelho) ou rechaçar a violência desse esquematismo social e dessas estruturas imperiosas, mantendo a contradição no próprio arcabouço de suas vidas, assumindo essa imprecisa verdade como a única possível e verdadeira. Dessa maneira, não era necessário renunciar a partes de si mesmo para poder sobreviver nem desempenhar o papel – entre vazio e desesperado – de uma identidade única que só tinha sentido como enteléquia do sangue, mas não como expressão de uma legítima liberdade criadora. E não penso que tudo isso emergisse de lúcidas explicações intelectuais, distantes das possibilidades dos referidos pais, mas sim de uma obscura sabedoria dos instintos. Por isso a própria atitude de Freud com relação a manter-se judeu a todo custo (judeu "puro", bem entendido) não invalida os muitos conflitos que ele também viveu como judeu germânico nessa dupla cultura (seu país de adoção e sua própria tradição espiritual), e, ao mesmo tempo, talvez explique, mais que qualquer outra coisa, o fanatismo científico com que comunicava suas ideias, sua integridade moral, e a fantasia "de cura" que devia colorir a busca de uma nova linguagem, de uma nova maneira de pensar a realidade. Nesse sentido, sua semelhança com Mahler é gritante. Por isso para mim é fácil imaginar Mahler nessa encruzilhada onde Kafka e Freud perscrutavam o mistério, davam testemunho dele e – cada qual em sua busca –, tentavam uma resposta adequada, válida, talvez definitiva.

Gustav Klimt

O refúgio, a ansiada paz de que Mahler falaria tantas vezes. A ampla e extraordinária luz da qual falam as Escrituras. Nessa encruzilhada, logo depois, existiu a perseguição nazista proibindo seus nomes. Essa espécie de monstruoso Odradek paranoico e luciferiano que, afinal de contas, não pôde evitar que essa Luz ampla e extraordinária triunfasse mais uma vez.

Dizíamos que Bernhard Mahler cresceu naquele vilarejo boêmio de Kaliště. Em 1857, casou-se com Maria Hermann, filha de uma muito proeminente família judia de uma aldeia vizinha (Ledeč). Maria, que na realidade estava enamorada de um outro homem, casou-se "por conveniência" com Bernhard. Por causa desse desencontro inicial o casamento foi sempre infeliz. "Eles estavam despreparados para se entender, como a água e o fogo – dirá Mahler mais adiante –. Ele era a inflexibilidade, a própria teimosia, enquanto ela era a encarnação da doçura. Sem essa aliança nem eu nem minha Terceira existiríamos. Sempre que penso nisso experimento uma estranha sensação". É verdade que antes de seu casamento essa certa "fragilidade aristocrática" de Maria Hermann, essa doçura débil, fazia com que fosse chamada de "a duquesa". O próprio Bernhard fazia isso. Maria levava uma vida reservada e silenciosa. Adolf Fidelly, um de seus sobrinhos, escrevia sobre ela: "Quando criança, eu venerava essa mulher excepcional. Era um ser angelical, pleno de sabedoria e compreensão. Por sua cultura, ela ultrapassava de longe o nível habitual dos burgueses de sua época. Seus olhos refletiam a doçura e a bondade, e sua voz tinha algo de cativante, alguma coisa como que distante do mundo. Frau Mahler era uma *mater dolorosa* que o destino havia tornado um modelo de resignação silenciosa". É evidente que esse temperamento – mais ou menos idealizado por seu sobrinho – devia contrastar fortemente com a dureza, a grande autoridade e a tirania doméstica desse obstinado comerciante de licores, sempre invejoso dos situados em nível social mais alto. Esse conflito matrimonial no qual o desamor e a incompatibilidade primavam contra toda relação possível marcou a fogo a personalidade de Gustav. O intransigente e por vezes brutal caráter de Mahler tinha um claro modelo nesse pai que, entre gritos e relações adúlteras, entre sua destilaria e sua casa, esboçava uma imagem muito perturbadora do homem que seu filho repudiava e, ao mesmo tempo, integrava. Henry-Louis de La Grange, com sua microscópica e apaixonada busca de detalhes na vida de Mahler, afirma que, num boletim de polícia de Iglau, de 7 de dezembro de 1879, figura uma multa de dez florins para Bernhard Mahler por "haver ofendido um capitão de polícia do distrito". Em mensagem pessoal de Freud para Marie Bonaparte (1925), ele diz:"No curso da conversa que tive com ele, Mahler disse repentinamente que agora compreendia por que sua música nunca havia podido alcançar seu mais alto grau nas passagens nobres, aquelas inspiradas pelas mais profundas emoções, sem que acabassem frustradas pela intrusão de alguma melodia banal. Seu pai, ao que parece um homem brutal, tratava muito mal sua mulher. Quando Mahler era criança, houve uma cena especialmente penosa para eles. Foi tão intolerável que Mahler fugiu de sua casa. Nesse momento, um realejo tocava na rua uma popular canção vienense, *Ach, du lieber Augustin.* Na opinião de Mahler, a conjunção da tragédia e da diversão leve esteve desde então inextricavelmente fixa em sua mente, e um seu estado de ânimo levava inevitavelmente a outro" (Ernest Jones, *A vida e obra de Sigmund Freud*).

    Bernhard e Maria Mahler têm seus dois primeiros filhos em Kalištĕ: Isidor e Gustav. Isidor morre prematuramente – destino de vários de seus irmãos, como já dissemos –, e Gustav, nascido em 7 de julho de 1860, se converte, por força das circunstâncias, no mais velhos dos irmãos que chegaram a um total de 14. Pouco depois de seu nascimento é promulgado o Decreto de Outubro sobre a liberdade de domicílio para os judeus, e a família Mahler, em dezembro do mesmo ano, muda-se para Iglau, cidade próxima a Kalištĕ, terceira cidade da Morávia depois de Brno, sua capital, e Olmütz. Era uma aldeia aprazível e pitoresca com 25.000 habitantes, a maioria dos quais vivia do comércio, das fábricas de tecido e de veludo. Iglau era uma espécie de ilhota de cultura alemã no meio do país tcheco. Possuía escolas de ensino elementar e médio, escola militar, teatro com 1.200 lugares, sociedade musical, banda de regimento e orquestra municipal. Nesse pequeno povoado realizaram parte dos seus estudos Johann Stamitz, violinista e fundador da célebre dinastia dos Stamitz, e também Bedřich Smetana que, além de vir a ser um dos maiores compositores nacionais tchecos, será um preferido de Mahler. Musicalmente podemos destacar, por exemplo, que no ano da morte de Beethoven (1827), em Iglau, no Musikverein, se anunciava a estreia de *Fidelio* e de sua Segunda Sinfonia. Nessa pequena cidade, dizíamos, imensa e desejável para muitas famílias impedidas de se mudar, o pai de Gustav instala sua destilaria, sua pousada e sua padaria. Essa pousada e o quartel militar próximo a ela seriam para Mahler seu primeiro contato com o mundo da música. Esse começo elementar se dá pelas canções populares que entoavam os frequentadores da pousada e pelos toques de alvorada, fanfarras povoadas por instrumentos de sopro e ritmos tradicionais que chegavam aos seus ouvidos vindos do quartel. O primeiro período da criação sinfônica de Mahler irá se caracterizar justamente por essa impressão infantil. O uso de fanfarras às vezes poéticas, às vezes dramáticas, o uso de melodias folclóricas, os ritmos de marcha, as interrupções de apaixonado lirismo campestre, os coloridos contrastes tonais e os sonoros baixos de tambor em quartas, todos eles serão recursos típicos desse período e ressurgirão muitas vezes em outros períodos de sua criação. Essas primeiras impressões musicais deviam simultaneamente se enriquecer ainda mais, porque é fácil imaginar a nostalgia que devia caracterizar as canções desses soldados que, entre ritmo marcial e toque de quartel, sonhavam com o regresso a seus povoados e a seus afetos fundamentais. Em um belo poema Luis Rosales acredita ver no ar seu mestre. Esse mesmo ar, esse mesmo vento propagador de canções, saudades e tambores, deve ter sido o mestre original de Mahler. Acrescentemos que na sua primeira infância Mahler não falava outra língua a não ser o tcheco. "Os cantos populares da Boêmia e da Morávia exerceram uma enorme influência sobre sua criação melódica", escreve o compositor tcheco Josef Bohuslav Förster, amigo íntimo de Mahler em Hamburgo. Pelo menos dois tchecos trabalhavam na casa de Bernhard Mahler em Iglau: a cozinheira e a ama de leite. Ambas devem ter sido as primeiras que introduziram no ávido mundo desse menino as canções folclóricas, as canções de ninar e de roda. Diz-se que *O osso que canta*, conto de Grimm que serviu de fundamento literário para *A canção do lamento*, foi contado a Mahler nessa época por uma ama de leite chamada Nanni. Por outro lado, as ressonâncias da música militar não se davam apenas no quartel próximo, mas também nos acontecimentos do povoado, sobretudo casamentos e enterros. Esses diferentes estímulos vão produzir no grande músico essa "mélange de styles" que vai singularizá-lo. Sua primeira peça musical, composta aos seis anos, chamada *Polca com introdução de Marcha Fúnebre* já contrapõe a solenidade da morte à atmosfera viva e ágil de uma dança tradicional. Theodor Fischer encontra na Marcha Fúnebre da Primeira Sinfonia um real parentesco com uma das danças populares mais características dos arredores de Iglau. Nessas zonas – vilarejos da região norte de Iglau – se insinuava uma curiosa "mélange de styles". Um desses tipos de dança se chama *Zaloby* e é uma espécie de "*ländler* alegre em que os instrumentos deviam dar a impressão de gemer e chorar". Richard Specht diz em 1905: "É impossível compreender Mahler e sua obra se se ignora que na idade de quatro anos ele conhecia centenas de canções populares cantadas pelos empregados [...]. Todo esse ambiente – as sonoridades dos trompetes com sua clara alegria e seu eco nostálgico, o refúgio da tarde melancolicamente refletida nas paredes do quartel, os toques de alvorada, os cantos dos beberrões, as canções de marcha – todas estas imagens e estes sons se gravaram na alma do pequeno. Por um processo semiconsciente adquiriram expressão artística em numerosas passagens de suas sinfonias e de seus *Wunderhorn Lieder*". Exatamente aos quatro anos de idade se inicia a vida musical de Gustav de uma maneira original. Numa visita a seus avós maternos em Ledeč, o menino desaparece da vista dos pais. Procuram-no preocupadamente durante longo tempo até que Mahler é surpreendido no sótão de sua "bobe" tocando um velho piano desmantelado. O pai vive essa história como uma revelação: seu filho será músico. Gustav não pensa o mesmo: ao ser perguntado antes dos cinco anos o que pretende ser quando crescer, responde sem hesitar: "Mártir!". Mas o pequeno Gustav, um pouco mais tarde e no sentido daquela lenda boêmia que comentamos anteriormente, escolhe o violino. E o pai, de alguma maneira obscura e talvez espúria, pensa o mesmo. A verdade é que imediatamente dá a seu filho um acordeão e mais tarde compra-lhe um piano e encarrega o contrabaixista da orquestra de Iglau, Jakov Sladky, de ensinar a seu Gustav os primeiros rudimentos de música. Esse primeiro mestre de Mahler começa suas aulas enquanto Bernhard, como afirma Blaukopf, sonha que seu filho ganhará a admiração de todos e que parte dessa admiração certamente caberá ao proprietário do piano. Mas isso não é tudo. Essa obstinada profecia devia ter algumas outras motivações complementares. Por exemplo, Henry-Louis de La Grange reproduz um fragmento de um artigo publicado em tcheco, em Iglau, no ano de 1931, por Wladimir Urbanek, pai de um companheiro de Mahler, que afirma que Bernhard Mahler tocava o violino e que jamais esquecia de levá-lo em suas viagens de comércio. Por outro lado, Gustav começa a cantar, não na sinagoga, como era de se esperar, mas no coro de serviços religiosos da Igreja Católica. As relações entre as comunidades cristã e judia em Iglau eram excelentes. Mahler descobre ali a música religiosa de Beethoven, Haydn, Rossini e Mozart. O *Réquiem* de Mozart o impressiona fortemente. Uma das histórias mais divertidas e prodigiosas da infância de Mahler é a que conta que numa das primeiras visitas à sinagoga, no colo de sua mãe, o menino interrompe os cânticos religiosos de um coro mal-afinado dizendo: "Silêncio, silêncio, não é belo". Quando o coro se cala, Mahler se põe a cantar uma de suas canções preferidas, *Eite a binkel Kasi*. Anos depois, Mahler escreve: "Era a época da pressa da consciência interior durante a qual se passa da infância à adolescência. Para essa iniciação eram necessários ao meu espírito muitas novidades e muito tempo. Foi relativamente tarde que comecei a existir e a criar por mim mesmo, embora depois dos quatro anos sempre tenha feito e composto música. É natural que a vida inteira esteja alimentada pelo que se absorve e assimila durante os anos cruciais da infância. A cada dia percebo um pouco mais até que ponto aquelas experiências espirituais e as impressões desses anos marcaram minha vida futura em sua forma e conteúdo" (carta a Natalie Bauer-Lechner). Aos seis anos Mahler não só compõe frequentemente como é estimulado por seus pais que lhe prometem pequenas recompensas. Sua mencionada primeira obra, a Polca, tem uma história amena. Uma vez composta, a mãe promete a seu filho uma recompensa de duas coroas por uma cópia sem rasuras na partitura. Antes de começar seu trabalho, Gustav faz uma prece e, convencido de que está protegido pela mão do Bom Deus, escolhe tinta indelével e se põe a trabalhar. Faltando pouco para terminar, uma grande mancha de tinta o obriga a recomeçar. "Nesse dia – conta Mahler – minha fé em Deus foi consideravelmente abalada." Algum tempo mais tarde é o pai que lhe promete algumas coroas para que compusesse uma canção. Gustav escolhe um longo poema de Lessing, que repetirá anos mais tarde de memória de uma maneira absolutamente fiel. Pouco a pouco o menino começa a compor por seu próprio prazer.

Como apontamos, Bernhard Mahler, na sua tentativa de germanização – ou seja, de subir na escala social – enche a casa de livros de cultura alemã, os primeiros a que o menino tem acesso. Aos nove anos Mahler ingressa no Liceu Alemão de Iglau. Nessa época acontecerá uma pequena história que faz sentido comentar. O pequeno Gustav machuca um dedo, e a dor é tão intensa que ele se põe a gritar enquanto se tranca sozinho em seu quarto. Depois de um breve silêncio, os pais o ouvem rir muito alto. Dirigem-se ao quarto de Gustav e o encontram lendo *Dom Quixote*. Esse livro será relido por Mahler muitas vezes em sua vida e produzirá sempre o mesmo efeito. Hugo von Hofmannsthal e Bruno Walter contarão que nas visitas a Steinbach-am-Attersee, Mahler sempre lia o *Dom Quixote* em voz alta e ria sem parar com as aventuras do Fidalgo Cavaleiro.

Em 13 de outubro de 1870, aos dez anos, Gustav Mahler dá seu primeiro concerto, em Iglau. O jornal local *Der Vermittler* comenta: "Em 13 de outubro houve um concerto, excepcional, de um menino de nove anos, filho de um comerciante judeu deste povoado, de nome Maler (*sic*) que se apresentava pela primeira vez ao grande público. O sucesso que o futuro virtuose do piano obteve é grande". Esse é o único testemunho que resta daquela estreia. O certo é que no outono de 1871 Gustav é inscrito no Neustadter Gymnasium de Praga. Hospeda-se como pensionista na casa de Moritz Grünfeld, ardente amante da música e pai de 11 filhos, dois dos quais serão talentosos intérpretes. Mahler não é bem recebido nem bem tratado por essa família. É nessa casa que Mahler vive uma de suas experiências sexuais mais traumáticas e que, de acordo com suas próprias declarações a Alma, influenciou seriamente o desenvolvimento de sua neurose sexual. Um dia o jovem vindo de Iglau fica brutalmente impressionado por uma violenta cena entre a filha da cozinheira e o filho do dono da casa. Ken Rusell, em seu arbitrário e talentoso filme sobre a vida de Mahler, traslada essa cena à pousada de seu pai e a uma sequência similar entre este e uma das empregadas. Claro que a violência desnuda da sexualidade agressiva num ambiente onde se desenvolvia uma cultura musical profunda e um nível de relações sociais muito superior ao da sua infância impressiona intensamente o jovem. Mahler volta para Iglau entre decepcionado e confuso. Ali, retoma suas lições de música e seus estudos no Liceu. Em 11 de dezembro, aniversário do nascimento de Schiller, participa de um concerto diante de oitocentas pessoas. O jornal afirma que "o jovem virtuose já conhecido possui uma técnica admirável e fez uma feliz interpretação". Gustav é honrado com "uma tempestuosa e interminável ovação". O sarau termina com a leitura de fragmentos poéticos de Schiller.

Em 1874 sofrerá sua primeira grande dor. "Jamais sofri uma perda mais cruel", dirá a Alma mais tarde. Seu irmão Ernest cai doente com pericardite. Um ano mais novo que ele e seu "melhor amigo", Ernest agoniza durante longo tempo. Tal como antes acontecera com a sexualidade desnuda, agora a repetida morte grava em sua pele os medos e as incertezas da adolescência. Enquanto dura essa agonia, Gustav acompanha Ernest da cabeceira da cama, sem sair de lá um só momento, narrando-lhe contos e inventando histórias. Mais tarde, como já vimos, ele fará o mesmo com sua filha Maria. Já relacionamos certa motivação de *Canções sobre as crianças mortas* com esses fatos. Anos mais tarde Mahler tentará relembrar seu irmão em uma ópera, *O duque Ernesto de Suábia*, obra que se extraviou. Além do mais, é indubitável que Mahler vivia a problemática da morte de seus irmãos com intensa emoção – não seria excessivo relacionar essas perdas com as enfermidades e mortes dos regentes de orquestra que permitiram sua rápida ascensão à fama –, intensa emoção que podemos inclusive vislumbrar em sua primeira grande obra sinfônica, *Das klagende Lied* (*A canção do lamento*), inspirada, como dissemos, em *O osso que canta*, de Grimm, e que trata de uma rainha muito formosa e muito orgulhosa que deprecia todos os seus pretendentes e não se decide a casar-se com nenhum deles. Um dia anuncia que se casará com o cavalheiro que consiga encontrar no bosque uma flor vermelha tão formosa quanto ela. Dois irmãos se põem a caminho, separam-se no bosque, e o mais jovem deles a encontra. Quando está dormindo ao pé de uma árvore, o irmão mais velho aparece, descobre a flor presa no chapéu do mais novo, mata-o com sua espada e se apodera da flor. A história continua, mas o que foi narrado serve para prever o significado que tinha para Mahler essa sucessão de mortes e, talvez nos níveis mais ocultos, de enfrentamentos competitivos com seus irmãos, os quais, apesar do amor que lhes dedicava, morriam quase sem solução de continuidade. Não é difícil imaginar a veemente culpa de Mahler em razão dessas circunstâncias infelizes. Naquela época, Mahler já é taciturno, distraído e ao mesmo tempo capaz de longas concentrações, autoritário, ensimesmado, determinado a muita teimosia. A visita de Gustav Schwarz a Iglau em 4 de setembro de 1875 – que será uma verdadeira fada madrinha para Gustav – é o que leva o pai a decidir enviar o filho para estudar em Viena, isso se o famoso pianista Julius Epstein, que deverá se pronunciar sobre seu talento e futuro, o aprovar. Diz La Grange: "A constância e a paixão que Bernhard Mahler revelou para fazer sua família progredir sobre as vias da superação intelectual é notável. Isso manifesta uma consciência e um respeito pelas coisas da arte que são demasiado raros num homem de origem tão modesta". Epstein estava descansando em Baden quando lhe anunciam a visita de Bernhard Mahler, fabricante de licores de Iglau, acompanhando de um jovem de 15 anos. "Meu filho quer ser músico sem dúvida alguma. Eu desejaria infinitamente mais enviá-lo para a escola de comércio ou a Universidade para que, mais tarde, ele dirigisse minha fábrica, mas Gustav não quer saber nada", explica o visitante em tom pesaroso. "Devo eu decidir seu futuro?", diz Epstein. "É uma missão temerária." Faz com que Mahler se sente ao piano. Poucos minutos depois pede a ele que pare de tocar e, voltando-se para seu pai, diz: "Senhor Mahler, seu filho é um músico nato". Essa conquista de um dos mais célebres músicos austríacos será definitiva na carreira do jovem Mahler. Graças à recomendação de Epstein, em 10 de setembro de 1875 ele será inscrito no Conservatório de Viena com a seguinte denominação: "Mahler, Gustav, de Iglau". Ali Mahler cursará os próximos três anos, mas continuando seus estudos como aluno livre no Liceu de Iglau por exigência de seu pai. Nesta época, o clima de Viena encontra-se sob o signo de dois músicos que se contrapõem: Brahms e Wagner. Mahler, wagneriano desde o primeiro momento, cursa história e filosofia simultaneamente às aulas de música. O amor desse jovem músico por Wagner não nasce em Viena, mas em Iglau. Para os jovens alunos do Conservatório, Wagner é o símbolo do modernismo, do progresso e da liberdade. Brahms, pelo contrário, representa a força da tradição. Não era possível estar interessado em música sem tomar partido nessa disputa. O crítico cáustico mais pró-wagneriano era George Bernard Shaw. O mais inclinado a Brahms era Eduard Hanslick, professor de música na Universidade de Viena e crítico musical. A discussão centrava-se em se a música era autossuficiente – linguagem válida em sua própria estrutura – ou se lhe era essencial expressar ideias e sentimentos. Os wagnerianos chamaram Hanslick de "judeu na música": a controvérsia chegava a esse extremo. O próprio Brahms era acusado pelos wagnerianos de responder às "obscuras forças do judaísmo". O representante de Wagner em Viena é Anton Bruckner. Nem Brahms nem Bruckner têm vocação de líderes. Brahms é um solitário em busca de um caminho pessoal, afastado de toda comoção social. Bruckner é um "naïf", totalmente o contrário de um iconoclasta. Só quer construir em silêncio, na sua velha abadia de St. Florian, seus monumentos sinfônicos. Para Brahms, Bruckner é apenas uma "invenção, unicamente para haver um chefe do partido wagneriano depois da morte de Wagner". Bruckner, mais doce e manso, mais equilibrado no julgamento, dirá somente: "Aquele que quiser escutar bela música encontrará em Brahms tudo o que procura. O que quiser algo mais que música, terá que vir a mim". Na cidade das reticências um jovem inicia sua carreira em meio a essas cisões partidárias de ideologia contrária. A estética musical é muito mais que uma disciplina: é um campo de batalha. Mahler escreve a Gustav Schwarz, sua fada madrinha, "é você quem me abriu as portas da morada das Musas e me introduziu no país dos meus desejos". A influência de Epstein será decisiva para o crescimento musical de Gustav. Com efeito, Epstein (1832-1926), editor das sonatas de Schubert e fervoroso mozartiano, é um homem moderno por seus gostos e predileções. É amigo íntimo e grande admirador de Brahms. Pedagogo nato, foi professor dos músicos mais importantes da época. Com sua paixão por Mozart, Schubert e Brahms, Epstein equilibrará com êxito o fervor wagneriano do jovem músico. Além do mais, uma estima recíproca e profunda se instalará entre ambos e durará a vida inteira. Por amizade com Mahler, Epstein fechará os olhos a transgressões que normalmente não eram perdoadas. É ele quem se transforma no "pai espiritual" de Mahler. Curiosamente, Mahler seria mais tarde professor do filho de Epstein, Richard. "O mais violento ardor da mais alegre força vital e a mais devoradora nostalgia da morte: estes dois sentimentos reinam alternadamente em meu coração. Eles mudam de hora em hora, e uma coisa é certa, isso não poderá durar muito tempo", escreve Mahler naqueles anos. "São a hipocrisia e a falsidade de nosso tempo aquilo que levou meu coração a desgostar de tudo o que é sagrado: a arte, o amor, a religião", acrescenta depois. Em 16 de dezembro de 1877, a segunda versão da Terceira Sinfonia de Bruckner é interpretada sob a própria e inábil direção do compositor, ante uma sala hostil que se esvazia progressivamente. As zombarias são mais ruidosas do que os aplausos. Bruckner, magoado e desiludido, é rodeado por alunos do Conservatório que o aplaudem e o protegem calidamente. Entre esses alunos está Gustav Mahler. "Nunca fui aluno de Bruckner – escreve – mas todo mundo pensa que estudei com ele porque durante meus anos de aprendizado era visto frequentemente a seu lado. Apesar de nossa diferença de idade, Bruckner soube dar às nossas relações um caráter de franca amizade. Evidentemente que a compreensão e a justa apreciação que eu tinha então de seu ideal não puderam senão influenciar a minha própria convicção artística e humana. Creio-me, pois, muito mais capacitado que outros para me considerar seu aluno, o que farei sempre com um sentimento de profunda gratidão." Essa carta é de 1902, quando Mahler começa a interpretar a música de Bruckner.

No Conservatório, Mahler tem como companheiros de estudos, entre outros, Hugo Wolf e Rudolf Krzyzanowski. Este será um de seus melhores amigos, juntamente com Hans Rott, jovem de beleza fascinante – comparado a Ludwig II de Baviera –, aluno organista de Bruckner e prestigiado improvisador, que inspirou em Mahler sentimentos de admiração nunca desmentidos. Nessa mesma época estudam no Conservatório dois futuros cunhados de Mahler: Arnold e Eduard Rosemblum (que depois passarão a assinar Rosé com o intuito de dissimular sua origem judia). Nos primeiros tempos, Mahler pôde sobreviver em Viena graças a alunos enviados por Epstein, que também o apoia num pedido de redução do pagamento de suas taxas de estudo. Além disso, divide sua moradia com seus dois amigos citados: Wolf e Krzyzanowski. O primeiro chamava Mahler de "meu amigo paciente", pela perseverança com que encarava seus objetivos. Wolf, pelo contrário, era colérico. Mais tarde Mahler reconhecerá que, apesar dessas palavras de Wolf, ele "assistia mais frequentemente aos bosques de Viena do que aos cursos do Conservatório". O primeiro ano de Mahler é brilhante. Ganha concursos de piano e composição (com o movimento inicial de seu Quinteto para piano) e, orgulhoso, "coroado de lauréis acadêmicos", regressa a Iglau. Logo depois, num concerto assistido por seus pais, interpreta a Fantasia Wanderer de Schubert e sua própria sonata para violino e piano. Mahler funda com seus amigos um clube literário onde se discutem questões artísticas e filosóficas até tarde da noite. Enquanto isso, seus professores começam a falar de sua indisciplina, de sua ambição, da consciência de seu valor, de seus arrebatamentos de paixão e de suas explosões de humor. Seus companheiros o chamam de "o novo Schubert". Esse jovem que ainda não completou

18 anos já começa a criar seu "opus 1". Este projeto o ocupará por dois anos e será seu primeiro grande filho sinfônico: *Das klagende Lied*. Já nessa primeira grande obra começa a se delinear claramente o excepcional músico e a totalidade metafísica que Mahler será para sempre. Logo mais voltaremos a isso. Aos 18 anos Mahler obtém o diploma do Conservatório de Viena e começa uma época extremamente difícil de sua vida. Renuncia à carreira de virtuose e se compromete muito mais com sua ansiedade de compor. Ao mesmo tempo, multiplica suas lições de piano para se tornar totalmente independente de sua família, embora seja verdade que o pai continue lhe enviando pequenas somas que nunca conseguem cobrir as mínimas necessidades do músico. Será nessa época – os poucos testemunhos existentes corroboram o fato (Wolf, Alma, Natalie Bauer-Lechner) – que Mahler realmente conhecerá a pobreza, a insegurança, a brutal luta que significa conseguir sobreviver para buscar um meio de expressão que o justifique ante si próprio. Entre setembro de 1878 e maio de 1880 Mahler leva uma vida errante e miserável. Será nessa mesma época que começará a encontrar-se consigo mesmo no "mundo encantado do bosque", como diz La Grange, esse bosque da Boêmia e de Viena onde os camponeses e os aldeões dançam no centro dos claros-escuros fascinantes da Natureza. Ali encontrará com mais assiduidade o canto dos pássaros e os rumores de seus semelhantes, numa excepcional polifonia que já podemos percorrer nostalgicamente em sua Primeira Sinfonia. Natalie Bauer-Lechner dirá em suas memórias: "Um dia, em que assistimos a uma festa popular no campo, com jogos, balanços, barracas de tiro e teatro de marionetes, e onde se achavam juntas uma orquestra militar e um coro de homens que sem colaborarem uns com os outros se dispunham a nos fazer ouvir uma música incrível, Mahler exclamou: 'Ouves? Eis aqui uma polifonia, ou eu não entendo nada de música. É assim, provenientes de todas as direções, que devem surgir os temas sem relações mútuas do ponto de vista rítmico e melódico: a única coisa que o artista deve fazer é ordená-los e uni-los em um todo coerente'". Essa concepção de sua obra será sempre luz e sentinela de suas insônias e fará de todas as suas sinfonias – neste caso

especialmente a Terceira – um canto definitivo "onde toda a Natureza encontra sua voz". A beleza desses bosques, desses cantos, desses aldeões, dessa alegria natural, será o que tornará pleno o mundo criador de Mahler. "A Beleza? Ninguém pode vir da Beleza se a Beleza não o traz", escreverá Jacobo Fijman. Mas essa Beleza é ao mesmo tempo fecunda e inquietante. Por isso Mahler completa 19 anos com uma carta a Josef Steiner e essas palavras: "Perdoa meu longo tempo sem resposta mas tudo em torno de mim é angustiante. Sinto bater em mim os ramos secos de uma existência árida e estéril [...] Transformei-me em outro. Não sei se ser outro é melhor ou pior mas sei que não sou feliz. A alegria suprema de viver e o desejo da morte reinam, alternadamente, em meu coração, às vezes de hora em hora [...]. Nesta insípida e repugnante sarjeta que é minha existência e com toda a energia de meu desespero, aferro-me à dor, que é meu único consolo". Muitas são as catarses emocionais dessa carta, um verdadeiro espelho das vicissitudes afetivas e transcendentes de um jovem adolescente. Impregnado pela literatura romântica de sua época e pelas filosofias que coroaram o fim do século, esse jovem confundido não esquece sua missão criadora: "Sou como uma mosca apanhada numa teia de aranha. Agito-me em todos os sentidos, mas sou escravo de minha tarefa". Suas aspirações, os obstáculos reais e imaginários, as angústias de um desejo avassalador, as obsessões de uma missão que começa a assumir, o céu azul e inóspito, o bosque gorgeante e autossuficiente, as canções nostálgicas e alegres de seu próximo, a fome de pureza, sua inteligência amorosa, o "dilettoso monte" de que fala Dante (figura da vida de beatitude que nos anima a contemplar uma essência sobre toda essência), tudo nesse verdadeiro autorretrato que é essa excepcional carta tende a enriquecer e causar dor simultaneamente nas privilegiadas vibrações de sua pele. E tudo nele é verdade verdadeira. "Jamais assumi uma pose, jamais me maquiei nem interna nem externamente", dirá ali mesmo. E esse jovem arbitrário e eleito pela paixão, que oscila eternamente entre o sublime e o enfático, que é arrastado por "ondas de Sehnsucht" que lhe escondem o brilhante sol, que sofre os desenraizamentos do judeu errante e faz desmedidos esforços para ganhar "a região bem-aventurada e redentora" é o mesmo Mahler que anos mais tarde iluminará a arte do mundo com uma luz nova e impressionante. O eterno combate será para Mahler a eterna esperança e, salvo em sua Sexta Sinfonia chamada *A trágica*, suas respostas serão sempre diferentes formas da fé. "Na carta a Steiner – diz La Grange – como no fim de sua vida em *Das Lied von der Erde*, não é a proximidade de Deus que Mahler procura para ser consolado, mas sim da Terra que simboliza duas ideias bem opostas: primeiro a hipocrisia humana e a vida cotidiana, em seguida a mãe eterna, o refúgio dos solitários e o consolo dos aflitos." Toda essa carta a seu amigo exala um amor apaixonado por essa terra e pela natureza, amor que, em Mahler, não tem nada de abstrato nem de puramente literário e que, apesar da influência do romantismo livresco, é, essencialmente, um vínculo instintivo, profundo, *leit-motiv* de toda sua obra. Diz La Grange: "A Natureza virgem, ao mesmo tempo amiga e inimiga do homem, a natureza que geme prisioneira do inverno, a natureza imensa, a natureza imóvel, a natureza eterna, a natureza que aflige e consola, a natureza que é universal e manancial de toda vida e criação, esses são alguns aspectos desta divindade proteiforme. A tília, a pradaria, a brisa da tarde, o rio eterno que corre desde o início dos tempos, o cincerro do rebanho, a flauta do pastor, tornar-se-ão sempre temas na música de Mahler [...]. Finalmente esta dupla concepção da terra finita para fazer dela o espelho do homem, fonte de alegria e de dor, de inocência e de ilusão". Essa exuberante sequência de La Grange, o biógrafo mais preciso e minucioso de Mahler, autor de uma obra simplesmente intitulada *Gustav Mahler* e que contém nesse breve título todo o amor de uma vida dedicada a rastrear as pegadas do músico dia a dia, é clara a respeito do vínculo que repercute em Mahler quando se trata da Natureza. Nessa carta, Mahler menciona várias vezes a palavra "*la Sehnsucht*", uma das mais intraduzíveis da língua alemã, que pode ser interpretada aproximadamente como tristeza vaga, desejo sem objeto, sonho doloroso, e que define o estado de espírito dos românticos alemães e dos adolescentes de 18 anos. Nessas linhas escritas a Steiner também aparece de maneira reiterada e significativa a referência a Ahasverus, o judeu eterno, o judeu errante. Esse tema do homem que "erra incansavelmente", do soldado afastado dos seus pela guerra, se encontra sem cessar na obra de Mahler, desde os *Lieder eines fahrenden Gesellen* até *Das Lied von der Erde*. É, incontestavelmente, escreverá La Grange, o principal significado dos famosos ritmos de marcha. Esse tema parece ter obcecado Mahler desde a mais tenra idade. Conta, inclusive, sonhos nos quais lhe aparecem figuras semelhantes a Ahasverus que estendem seu enorme bastão que Mahler deverá pegar para vagabundear pelos séculos dos séculos. Os sonhos de errância de Mahler serão proféticos na medida em que ele realmente errará sem descanso até seus 37 anos. No fim de sua breve vida poderá, por fim, durante dez anos, hospedar-se em Viena, a pátria reencontrada, para logo voltar a abandoná-la por um continente distante. Tudo isso sonha como premonitório aos 19 anos, porque na época dessa carta ainda não havia acontecido nada disso em sua vida. A obsessão pelo mito do viajante eterno e pela herança ancestral dos judeus – permanentemente exilados da Terra Prometida – é, como se vê, anterior a sua própria existência vital e tem muito de visionário e alucinado. Esse errar de Mahler tem sua moderada consequência num fato significativo daqueles dias: entre 1876 e 1879 ele muda de casa nada menos que 21 vezes, a maioria apartamentos. Talvez a consciência dessa "miserável" vida seja uma das razões que o faz aderir ao círculo socialista de Pernerstofer, criador do socialismo austríaco. A partir de 1878 e através de Siegfried Lipiner, Mahler conhece Engelbert Pernerstofer e Victor Adler. O primeiro, judeu da Galícia, é portador de uma ideologia de esquerda baseada em dois fundamentos principais: o pensamento socialista que se irradia pela Europa e a incitação à prática do vegetarianismo seguindo as ideias de Wagner. Lipiner e Mahler serão amigos confidentes, e por vezes Lipiner chegará a ser até seu diretor de consciência. Quatro anos mais velho que Mahler e um apaixonado por Nietzsche e Schopenhauer, é ele quem afirma: "eu chamo de religioso tudo o que transcende o mundo conceitual cotidiano, tudo aquilo onde se agita uma experiência tocante às emoções. A religião é uma simples emoção transcendental". Sua concepção panteísta da vida seduz Mahler, e o Deus Pan

Casa da Secessão, Viena

(junto ao Deus Theo) serão os exaltados amigos desse diálogo. Lipiner será também quem escreve: "A dor do mundo é a fonte da alegria de viver". A amizade com esse fulgurante visionário dura até 1902. Victor Adler, médico e psiquiatra, membro durante muitos anos dos grupos nacionalistas alemães que no fim o repudiam por ser judeu, fundará mais tarde o primeiro partido socialista austríaco que terá numerosos representantes no Parlamento a partir de 1907. Foi amigo e admirador de Mahler e assistiu, durante os dez anos em que este esteve na Ópera vienense, a grande parte de suas apresentações com absoluta fidelidade. Engelbert Pernerstofer será o teórico do movimento e, do seu posto de deputado, estará ao lado de Victor Adler. As reuniões desse partido, às quais Mahler assistia, eram feitas em Bergasse 19, consultório de Adler e futuro consultório de Sigmund Freud.

Em abril de 1880 Mahler se reinscreve na Universidade e começa a estudar várias disciplinas: arte antiga, arqueologia, história do Renascimento e da época napoleônica. Além disso assiste à cátedra de História das formas musicais lecionada por Eduard Hanslick, o polêmico detrator de Wagner, o sólido defensor das "formas tradicionais", amigo de Brahms e líder de uma estética musical centrada exclusivamente nos sons. Hanslick desempenhará um papel essencial nessa dialética emocional e ideológica que apresenta a Mahler. Nessa época já se desenvolvem os torturantes debates sobre a "música do futuro". Hanslick não perde a oportunidade de zombar de Liszt, Wagner e Bruckner. Compara a música dos dois primeiros com "ordens militares". Hugo Wolf responde: "Um golpe de tímpano de Liszt vale por toda a música de Brahms", ou com aquilo de "Bruckner? Um compositor ao lado do qual todos os demais parecem asmáticos". Enquanto isso, Mahler escreve: "Nós somos muito parecidos: os terríveis golpes que a vida nos concede não nos abatem. Posso dizer de minha parte que diante da própria morte, eu ressuscitaria passados três dias". Isso enquanto termina o esquema da primeira parte de *Das klagende Lied*. Ao fim de junho do mesmo ano é convidado para ser colaborador permanente do teatro de Iglau, mas Mahler, pensando que seu pai sentirá como "indigno dele" que seu filho dirija "tão pequeno teatro", recusa o convite.

O mês de outubro trará acontecimentos que atingirão Mahler nas próprias entranhas: seu velho amigo Hans Rott e seu novo amigo Krisper enlouquecem. "Não vejo mais que dor em todos os lados!", escreve a seu outro amigo Emil Freund em 1º de novembro de 1880. Nessa mesma carta anuncia a conclusão de *Das klagende Lied*, "um verdadeiro filho da dor". Seu próximo objetivo: "Fazer com que seja interpretada com todos os meios!". Essa primeira grande obra de Mahler corresponde ao gênero de cantata ou balada. Sua inspiração nasce das velhas lendas populares, do singular heroísmo que rodeia os personagens românticos da literatura dessa época, de suas próprias vicissitudes dolorosas e, talvez mais secretamente, dessa história fraterna que reside na perda e na impotência. Por isso, o que Mahler chama "meu conto de fadas" é mais um grito do que um acorde. Nessa mesma época tem uma intensa crise nervosa e acredita ver sua imagem desdobrada em sua casa. Não há informação concreta sobre esse fato, e esse desdobramento, essa breve despersonalização, permanece como outra das circunstâncias obscuras daquele tempo. É verdade que esse tipo de crise não era incomum nos românticos contemporâneos daquele episódio. Todo romântico que se via como tal tinha um sósia que alojava seu alter ego ou a parte mais conflituosa de sua ambivalência. Entre o que se era e o que se desejava ser havia sempre essa ponte não de todo firme e sempre estremecida. Por isso todo romântico tinha esse "duplo" – "um menino vestido de preto que me parece como um irmão" –, um *Doppelgänger* à maneira de Heine e Schubert. Essas ambivalências, esses desdobramentos, tornavam sempre inapreensível o verdadeiro significado de um ato romântico. Alfredo de Musset afirmou isso de uma maneira que teria satisfeito o próprio Mahler: "O romantismo, estimado senhor, é indefinível: nem é o desprezo das unidades, nem a aliança do cômico com o trágico, nem coisa alguma do mundo que você pudesse mencionar, porque em vão tentará capturar a asa de uma borboleta. Só permanecerá nos seus dedos o polvilho que a colore. O romantismo é ao mesmo tempo o plano e o redondo, o diametral, o piramidal, o oriental". É possível pensar, então, que tanto *A canção do lamento* como a crise nervosa foram produtos específicos da sensibilidade romântica que ornamentava a época.

Em razão do fracasso dessa cantata no Prêmio Beethoven (o júri, em que estavam Hanslick e Brahms, não concede a Mahler nem um prêmio de consolação), ele aceita sua contratação em Laibach como diretor de orquestra do Teatro Provincial do Estado. Laibach tem 25.000 habitantes, 60% de eslovacos e 40% de alemães. Apesar da pobreza de meios disponíveis, Mahler dirigirá ali sua primeira ópera: *Il Trovatore*. Além disso, fará *A flauta mágica*, *O barbeiro de Sevilha* e *Der Freischütz*. Em seis meses faz 50 representações, é "freneticamente aplaudido" por uns e mornamente questionado por outros, já o começo do que será toda sua carreira no plano da regência. Junto a esse início de lenda, mais outro se unirá para complementar a premonição: os membros da orquestra e os cantores protestam repetidamente pelas "exigências desumanas" de Mahler. Este, que tem 21 anos, deixa crescer barba e bigode para melhor respaldar suas ordens: seu fanatismo começa a aparecer. Permanecerá ali por cerca de dois anos. Depois de uma breve passagem por Viena, sua autêntica carreira de diretor começa em Olmütz, na Morávia, segunda cidade depois de sua capital Brno. Olmütz tem 20.000 habitantes, a maioria germanófilos. Cada vez mais Mahler se refugia na literatura, impressionado pelo destino de seus irmãos e amigos, consciente da áspera e burocrática carreira que deverá cumprir para alcançar seus sonhos. É interessante assinalar os nomes que foram balizando as incursões desse ávido leitor e diagramando seu mundo interno: "Devoro livros, devoro livros", escreve a seu amigo Löhr em 1894. Lê, é claro, Wagner ("Os pensamentos mais profundos que jamais foram escritos sobre música"), o *Zend-Avesta* de Gustav Fechner ("fundador da psicofísica, atribuindo alma às plantas e às estrelas", que influirá na concepção panteísta de Mahler, sobretudo na sua Terceira), *A teoria filosófica da música* de von Helmholtz. Ferdinand Pfohl escreve: "Mahler era um músico literário e necessitava da literatura para estimular seu desenvolvimento. Lia verdadeiramente inúmeros livros de alta qualidade. Gostava especialmente de *Crime e castigo* de Dostoiévski e dos escritos psicofilosóficos de Fechner, que excitavam fortemente sua imaginação. A demonstração de Flechner da forma esférica dos anjos o encantava". A leitura de Nietzsche será total, e sua Terceira Sinfonia será a expressão mais viva da cosmogonia desse filósofo, à qual Mahler acoplará, como expressão também viva de sua própria inquietude, "a busca de Deus", essa busca que Mahler nunca parará de fazer. O *Fausto* e as *Conversações com Eckermann*, de Goethe, as poesias de Hölderlin e de Jean Paul Richter, e o *Dom Quixote* de Cervantes, junto a *Os irmãos Karamázov* serão de sua particular preferência. Apesar de ler muita poesia e usar várias delas em sua música, Mahler afirmará que "os grandes poetas são sempre atraiçoados pelos músicos".

Em Olmütz as condições não serão melhores que as de Laibach, e são muitas as histórias que refletem o caráter rigoroso, autoritário, o humor corrosivo e a paixão inesgotável de Mahler. No meio disso, suas inquietudes metafísicas e seus dilaceramentos afetivos. Um dia – quando havia recebido notícias da doença de seu pai – Mahler é visto absolutamente perdido, soluçando fortemente, correndo pela rua com um lenço entre os olhos. Jacques Manheit escreve: "Sinto grande pena ao reconhecer Mahler e, precipitando-me sobre ele, pergunto-lhe: 'Pelo amor de Deus! aconteceu algo a seu pai?'. 'Pior, pior', grita Mahler, 'o pior chegou! O Mestre morreu!'". Era o dia 13 de fevereiro de 1883 e Richard Wagner acabava de morrer. Durante muitos dias Mahler assistirá somente aos ensaios e às apresentações, para depois se isolar, solitário, no seu apartamento. Em Viena se organiza uma grande homenagem a Wagner. Em 5 de março de 1883, adornado por uma gigantesca bandeira alemã, quatro mil pessoas descobrem um busto monumental cercado por muitas palmas. Cantam o coro da batalha de *Rienzi*, e os discursos – clara simbologia da situação política que atravessa a Europa – oscilam desde a "exaltação da liberdade" até a do nacionalismo alemão. As confusas tiradas ideológicas ficam por conta dos amigos socialistas e vegetarianos de Mahler (Pernerstofer, Bähr) e de von Schönerer, depois fundador do Partido Pangermano. Até sua morte Wagner arrastava atrás de si esse mal-entendido nunca esclarecido e que permitia a uns e outros abandeirarem-se detrás de suas próprias ruminações. Talvez parte desse mal-entendido tenha sido confundir muito mecanicamente as opiniões de Wagner com as de sua fanática mulher Cosima, esta sim, depois de sua morte, parasita espoliadora do grande músico. (Enquanto escrevo, em julho de 1981, ouço a inauguração do Festival de Bayreuth a cargo de Daniel Barenboim e penso que não só os tempos mudaram, mas que a Europa de hoje sempre acaba por fazer justiça quando alguém tem seu suporte no talento.) Mas voltemos a 1883.

Terminada a sua atividade em Olmütz, Mahler volta para Viena onde conhece Fritz Löhr – que será depositário, através de muitas cartas, de sentimentos e desejos de Mahler –, com quem desenvolve uma longa e assídua amizade. Evito muitos elementos biográficos porque não é minha intenção fazer uma história pormenorizada, o que seria, além de prescindível, onipotente. O *Gustav Mahler* de Henri-Louis de La Grange será por muito tempo dificilmente superável, por sua capacidade de amor, a solidez admirável de suas pesquisas e a inteligência de um trabalho sem comparação. Todos aqueles que queiram consultar detalhadamente esta fascinante história deverão lançar mão do referido livro.

Gustav Mahler, que em Olmütz já havia escrito "Estou completamente paralisado, como caído do céu. Logo depois de cruzar o umbral do teatro de Olmütz senti-me ameaçado pela justiça divina", volta a ser favorecido pelos deuses. O Kapellmeister da Ópera de Kassel renuncia a seu lugar e Mahler é contratado por três anos, de 1º de dezembro de 1883 a 3 de setembro de 1886. Não obstante ser essa uma verdadeira consagração aos olhos de todos, Mahler continua com seus cíclicos estados de ânimo: "Querido Fritz – escreve a Löhr, logo que voltou de Bayreuth onde ouviu *Parsifal* – recebi teu presente. Neste momento, caiu como um raio de luz entre as trevas mais negras. Não saberia dizer-te nessas linhas o que tu chegaste a ser para mim. Teu amor inquebrantável, que chega ao fundo do meu coração através da árida casca de minha vida presente, me faz sentir que tu crês em mim mais que eu mesmo. Não sei como descrever-te meu estado atual. Enquanto eu saía de *Parsifal* incapaz de dizer a mínima palavra, compreendi que a maior e mais dolorosa revelação me havia sido feita e que eu a levaria em mim, intacta, durante toda a minha vida". E acrescenta: "Enquanto isso meus pais continuam enfermos".

Kassel é um centro urbano de 100.000 habitantes e Mahler, nos seus 23 anos, é diretor da Ópera. Não obstante, não está satisfeito. Deve depender de alguns funcionários e não pode fazer livremente o que quiser. O ritmo que Mahler imprime à Ópera faz com que ela viva um dos momentos mais grandiosos de sua história. Mahler segue "ensaiando" aqui o que, com o correr dos anos, serão suas armas mais eficazes e mais odiadas: a autoridade, às vezes o despotismo, a intolerância com a menor negligência, a exigência obstinada de responsabilidade, o sentido orgulhoso da representação, a disciplina que impede a menor iniciativa dos subordinados, os ensaios intermináveis e a máxima pontualidade. La Grange diz: "Esta minuciosa regulamentação parecia mais apropriada a uma instituição militar ou pedagógica". No mês de setembro Mahler figura três vezes na lista oficial de castigos: reprova-se nele sua habitual irritabilidade e o fato de bater o salto do sapato durante os ensaios e representações. Isso somado ao começo do auge do antissemitismo e à sua recém-inaugurada fama de libertino e sedutor torna difícil a permanência de Mahler em Kassel. Essa fama de libertino e sedutor o seguirá até a Ópera de Viena. É em Kassel que conhece uma soprano lírico-dramática chamada Johanna Richter, que lhe inspirará um ciclo de canções considerado um dos mais belos da história da música: *Lieder eines fahrenden Gesellen* (*Canções de um viandante*). A imprensa local fala muito mais da beleza de Johanna que do seu talento musical. "Sua alma fogosa é prisioneira de um encantamento", escreve a Löhr em Viena. Mahler, apaixonadamente enamorado – sabia amar de outra maneira? –, escreve a Löhr. "Meu querido Fritz: Tudo acontece como se o 'Grand Metteur em Scene du Monde' quisesse fazer as coisas segundo as regras da arte. Passei toda a noite chorando em sonhos. Minha única luz nessa escuridão é um ciclo de canções, seis no momento, que são dedicadas a ela. Ela não as conhece. Que poderia dizer que ela não saiba?"

As cartas de Mahler, sempre tão ricas em informação a respeito de seus sentimentos, testemunham o caráter totalmente romântico e autobiográfico dessa notável obra. Seu amor por Johanna, o herói errante "ferido pelo destino, que vai pelo mundo andando ao acaso", a natureza que serve de refúgio e repouso a tanto desalento, o canto estilizado dos pássaros, o idioma dos bosques e a presença vertical das montanhas, a nostalgia das antigas caminhadas pelo Wienerwald e suas saudosas excursões pelos arredores de Iglau, tudo vai sendo escalonado nos costados da alma de Mahler através dessas canções. As *Canções do viandante* atualmente são quatro, embora Mahler anunciasse que eram seis em sua carta a Löhr, datada de 1º de janeiro de 1885. Como é frequente nele, esse amor é também fonte de sofrimentos, de obstáculos reais e fantasiosos, de inquietudes sem fim. Mahler escreve vários poemas, que por sorte ficaram como testemunho daquelas emoções, onde canta a beleza de Johanna, as vicissitudes do amor solitário, o "belo sol de minha vida", as suas angústias mais secretas (desde seus "Não quero desaparecer. Não quero morrer! Viver! Viver!", até seus pensamentos suicidas), desde sua piedade com os anjos negligentes até a ternura dessa mulher que espera de bom grado a última hora do encontro com o homem, desde seu "pequena flor azul, não desapareças" até seu "tenho um resplandecente punhal em meu peito", desde seus "meus camaradas foram o amor e o sofrimento" até sua intransigência de amante apaixonado. As leituras permanentes e a clara influência de *Des Knaben Wunderhorn* estão presentes ali. "Enquanto eu possa definir uma experiência com palavras, não posso fazer música sobre ela... mas isso não altera o fato de que o estímulo para uma música seja a experiência do criador, e essa experiência poderia ser suficientemente concreta para ser apresentada em palavras", escreverá um dia. Muitos críticos mostram o paralelo entre esse "camarada errante" e o personagem do *Winterreise* de Schubert, o ciclo de canções mais profundamente melancólico que um músico jamais escreveu. O camarada descansa, como o de Schubert, sob a tília, e o sonho que ali o aborda é o da morte. São alguns desses temas que traçarão a ponte até a Marcha Fúnebre da Primeira Sinfonia. Essa obra-prima da história do *lied* nasceu em pouquíssimos dias: as duas últimas canções, de 15 a 19 de dezembro. Mahler "naïf", Mahler arrebatado, Mahler trágico, Mahler imaginativo, Mahler glorioso, Mahler por inteiro já se assenta em seu próprio mundo mahleriano, de uma beleza incomum e uma capacidade expressiva altamente pessoal.

Na temporada daquele ano chega a Kassel para reger o famosíssimo maestro Hans von Bülow. Para Mahler esse é um fato excepcional. Escreve a von Bülow: "Sou um músico que erra nas trevas da vida musical contemporânea sem uma estrela que o guie, entregue ao perigo da dúvida e da confusão. No concerto de ontem, que o senhor regeu, tudo se tornou claro para mim: havia encontrado minha pátria, havia encontrado meu mestre. É por isso que lhe escrevo e lhe suplico: permita-me ser seu aluno, mesmo que eu pague minhas aulas com meu próprio sangue. Tenho 23 anos, fui estudante da Universidade de Viena e estudei composição e piano no Conservatório. Depois, pela mais funesta das perambulações, me comprometi com esse teatro como segundo regente de orquestra. O senhor poderá compreender que essa ocupação insípida não pode apaixonar a um homem que crê na arte com todo o ardor de seu amor e que a vê diariamente e por todos abominavelmente maltratada". Essa carta não foi respondida por von Bülow que, certamente, a considera, vinda de um desconhecido, pretensiosa e talvez ridícula. Enquanto isso Mahler continua tentando colocar-se em lugares mais importantes que o de Kassel. Escreve a Ângelo Neumann, em Praga: "Querido Diretor; me permito apresentar-me e recomendar-me ao senhor. Sou segundo Kapellmeister do Teatro desta cidade e como segundo regente não posso exercer uma atividade que corresponda às minhas capacidades. Isso me leva a buscar uma ocupação mais intensa e absorvente. O senhor não tem necessidade, no futuro próximo ou distante, de um jovem e enérgico maestro possuidor de experiência e de conhecimentos, capaz de instalar o fogo da inspiração no coração de uma obra de arte e em seus intérpretes? Não quero abusar mais de seu tempo. Se o senhor quiser, responda-me". Neumann, ao contrário de von Bülow, reconheceu anos mais tarde que a carta o havia impressionado. Ao mesmo tempo Mahler escreve a Pollini, em Hamburgo, e a Staegemann, em Leipzig. Nesse meio tempo, é nomeado diretor do Festival de Música de Kassel. No jornal local, em 2 de maio de 1885, sai um artigo anônimo que diz: "Parece que se demonstra em todas as ocasiões que o judeu deve ocupar o primeiro lugar e que tal é a justiça do partido nacional e liberal. O judeu Mahler foi nomeado principal regente de orquestra do Festival de Kassel, como se não houvesse em Kassel maestros superiores a ele que renderam importantes tributos à cidade e que gozam de grande popularidade [...] os alemães fazem o trabalho, e os judeus levam as honras". Mahler, surdo a esses ataques, prepara o *Paulus* de Mendelssohn para encerrar o festival. Recruta 84 músicos entre as orquestras de Meiningen, Weimar, Braunschweig e no 83º Regimento de Infantaria de Kassel. A execução dura oito horas, diante de 1.200 pessoas, e representa um grande êxito para Mahler que é aclamado com fortes e prolongadas ovações. Nesse *Paulus*, canta Rosa Papier, que, depois, terá uma participação muito influente na nomeação de Mahler para a Ópera de Viena. Não obstante a crescente onda antissemita, as dificuldades com os artistas e seu conflituoso amor com Johanna levam Mahler a abandonar Kassel. Escreve a Löhr: "Tudo o que tu sabes de Johanna não passa de um mal-entendido. Sacrifiquei por ela minha arrogância e meu egoísmo. Ela é, de todos os seres, o mais digno de meu amor e a amarei até minha última gota de sangue. Consequentemente, eu sei que o melhor será que eu parta".

Neumann, que havia sabido ouvir as sutis vibrações da genialidade melhor do que von Bülow, contrata Mahler como Primer Kapellmeister a partir de 1º de agosto de 1885. Nesse dia Mahler debutará em Praga com *Lohengrin*, sua primeira representação wagneriana. Capital da Boêmia, a cidade que daria a Kafka tanto alimento literário através de seus castelos, de sua "Mala Strana", de seus tênues véus que a tornam longínqua e fantasmal tinha então 280.000 habitantes. Cerca de 20% da população era germânica. Neumann – tenaz como o próprio Mahler – era um descobridor de talentos. Por ele passaram desde Arthur Nikisch até o próprio Otto Klemperer. A juventude de Praga se entusiasma com Mahler.

A crítica – como em ocasiões anteriores – faz objeções. Seu amigo Victor Adler é nomeado professor de Musicologia da Universidade Alemã de Praga. Mahler executa pela primeira vez a música de Bruckner. Além disso, dirige grandes obras de Mozart, Beethoven, Gluck e, também pela primeira vez, três *lieder* seus num concerto. Apesar de sua boa relação com Neumann, abandona Praga para ir a Leipzig. Em 15 de julho o *Prager Abendblatt* anuncia: "O Kapellmeister Mahler encerrou hoje suas atividades como regente de orquestra em Praga. Ele merece nosso reconhecimento por haver defendido com indomável energia a integridade das partituras frente ao comodismo de cantores e instrumentistas. Conservaremos em Praga a melhor lembrança desse jovem homem".

Leipzig é uma das principais cidades da Alemanha e conta com um teatro de nível internacional, além de uma antiga tradição musical alimentada por seus 300.000 habitantes. Ali foi fundado por Schumann o *Neue Zeitschrift für Musik*, famoso periódico musical, e ali mesmo Mendelssohn dirigiu, de 1835 a 1843, os famosos concertos da Gewandhaus. Mahler afirmaria que essa orquestra "é das primeiras do mundo". Tinha 78 músicos (em Kassel eram 49 e em Praga, 52). O coro tinha 70 vozes (54 em Praga). Arthur Nikisch era seu diretor, não somente superior hierárquico de Mahler, mas um dos grandes virtuoses da escola alemã do século XIX. Mais uma vez Mahler conquista a juventude e tem início seu "tradicional" enfrentamento com alguns críticos destacados. Martin Krause, o principal crítico de Leipzig, será o inimigo mais violento de Mahler e o amigo mais próximo de Nikisch. Quando Mahler produz *Tannhäuser*, escreve: "Os tempos muito lentos na Abertura, as frequentes mudanças de tempo, são excessivos e arbitrários [...] Mahler fez o que podia para discriminar nuances. Em síntese, a interpretação esteve abaixo da média". Mahler, sem hesitar, escreve à margem: "É a melhor interpretação que se fez em muitas décadas". Em meio a importância dessa luta, Mahler começa a sentir a "*Sehnsucht*" como sempre acontece quando está longe de Viena. Pelo testemunho de seu amigo Max Steinitzer (1864-1937, um austríaco de Innsbruck que foi muito querido por Mahler em Leipzig e que se suicidou quando começaram a ser promulgadas as primeiras leis antissemitas), podemos saber algo do estado de ânimo do músico naqueles dias. Ali escreve a carta onde se fala do *mal du pays*, da deteriorada saúde de seus pais, da admiração que sente por Nikisch ("quando assisto a uma representação dirigida por ele, faço-o com a mesma tranquilidade como se eu mesmo a dirigisse"), coisa que Mahler só afirmará três vezes em sua vida: por von Bülow, por Nikisch e por Mengelberg. Apesar dessa admiração – ou talvez por ela – escreve ao intendente von Gilsa: "Não posso me decidir a aceitar ser somente uma pálida lua ao redor do astro Nikisch [...] Todo o mundo me diz 'paciência, é preciso paciência para triunfar', mas o senhor sabe, senhor Barão, que a paciência jamais foi meu forte". Dois acontecimentos marcarão a residência de Mahler em Leipzig: seu encontro com Marion Matilde von Weber, esposa do neto de Carl Maria von Weber, e a súbita enfermidade de Nikisch que, como acontecerá depois com von Bülow em Hamburgo e com Jahn em Viena, lhe deixará o campo livre para sua ascensão. "Tive ocasião de dirigir a *Valquíria* graças a uma indisposição de Nikisch, o que me granjeou uma posição muito sólida", escreve a seus amigos. Com relação a Marion, diz: "Encontrei uma criatura dessas pelas quais pode-se cometer tolices". Essa "tolice" é abandonar tudo e partir com ela. Em poucas semanas escreverá sua Primeira Sinfonia: "Por seus excessos emocionais, pela audácia incondicional e inconsciente da novidade de sua expressão, por sua riqueza inventiva, esta Primeira possui a força única de uma obra mestra da juventude, que vibra inteira com paixão", escreve Bruno Walter. Já nessa Sinfonia Mahler começa suas inovações: a audácia sem precedentes no tratamento orquestral (madeiras quadruplicadas, quatro trompetes, três trombones e oito trompas, dois tímpanos, pratos turcos e uma harpa), que supera Wagner, Bruckner e Richard Strauss, e as frequentes incursões no folclórico, com reminiscências de sua infância e de suas múltiplas leituras. Dizíamos que ante a súbita enfermidade de Nikisch, Mahler encontra sua almejada oportunidade. À vista de sua representação de *O Ouro do Reno*, o crítico Bernard Voger escreve: "Felicito Mahler pela chama ardente de sua juventude e porque se revela como um dos maiores regentes de orquestra do mundo". Max Steinitzer, seu amigo, também crítico musical, expõe: "Tudo é ao mesmo tempo força e simplicidade. Mahler *ralentiza* cada nota descendente com a eloquência que dá uma calma, uma dignidade e uma majestade incomparáveis, como que surgindo das águas sobre as quais plana o Espírito de Deus". Jamais – segundo esse crítico – se havia conseguido na Abertura *Leonora III* de Beethoven um pianíssimo comparável ao de Mahler no começo do Allegro. Mas as "armas" de Mahler começam a lhe trazer problemas graves. Esses problemas são potencializados pela crítica jornalística. Os músicos enviam ao prefeito uma carta muito extensa onde criticam em seu diretor "a má vontade", "a obstinação", "o descuido da honra de cada um", "a pretensão do impossível" e assim sucessivamente. O prefeito encaminha a carta a Max Staegemann, o diretor do teatro e amigo de Mahler –, "que me recebeu como se fosse da família" –, que responde: "Em janeiro estes mesmos senhores expuseram a incapacidade de Mahler e poucos dias mais tarde, depois da representação de *A Valquíria* dirigida por ele, viram-se na obrigação de reconhecer que haviam se enganado. A respeito da brusquidão de Mahler devo responder a essa acusação com energia: apesar de certos defeitos que lhe são habituais, Mahler conserva em todo momento sua objetividade e não tem nenhuma predisposição à ofensa. O que acontece é que muitos senhores da orquestra e cantores negam-se a outorgar a Mahler os mesmos direitos artísticos que a Nikisch. Os músicos de nível são sempre difíceis, porém, se algum membro da orquestra fosse realmente maltratado, eu seria o primeiro a sair em sua defesa". Mais adiante Max Steinitzer escreveria: "Quando os artigos jornalísticos de Viena falam do autoritarismo, do despotismo e até do satanismo de Mahler, faz-me sorrir pensar em sua simpática afabilidade, em seu humor e em seu bom coração sempre pronto a compartilhar a desgraça dos outros. Isto era frequente em seus encontros com os músicos de Leipzig".

    A família Weber possuía os rascunhos incompletos de uma ópera cômica de Carl Maria, posterior a *Der Freischütz*, chamada *Die Drei Pintos*. Meyerbeer havia se oposto a completá-la por considerá-la indigna do grande mestre. Mahler obterá com isso um clamoroso sucesso. Apesar de os críticos afirmarem que não se sabe onde termina Weber e onde começa Mahler, a ópera percorrerá toda a Europa e a América com grande aceitação das plateias. Esta será a primeira vez que Mahler é verdadeiramente reconhecido como compositor. O neto de Weber, capitão da armada saxônia, havia se casado com uma jovem judia, Marion Matilde Schwalbe e haviam tido quatro filhos. Mahler inicia uma relação de caráter "edipiano" com Marion, e falará dela "como um ser luminoso, inteiramente dedicada à beleza e ao Bem". O capitão, consciente dessa situação, não intervém para evitar um escândalo que poderia arruinar a sua carreira. A compositora inglesa Ethel Smith, amiga dos Weber, afirma que Mahler "é um amante tirânico que não hesita diante de nada". Acrescenta: "Marion está apaixonadamente enamorada de Mahler porque, *malgré* sua fealdade, tem um charme demoníaco". No começo de 1888, Mahler compõe os primeiros *lieder* sobre textos do *Wunderhorn* e já tem duas grandes obras orquestrais, a Primeira e o *Todtenfeir*, primeiro movimento da Segunda. A estreia da ópera de Weber-Mahler acontece em 20 de janeiro de 1888 em uma sala cheia com a presença dos intendentes de Weimar, Dresden, Berlim, Kassel e Hamburgo e de numerosos diretores de orquestra. Hanslick viaja de Viena. É um grande sucesso, e até os críticos acompanham esse êxito. Apesar disso, um novo conflito, o mais grave de todos, onde parece misturar-se a animosidade da crítica, a relação com Marion, as "torturas" infligidas à orquestra durante os ensaios de *Drei Pintos*, a má relação com o pessoal do teatro, obriga Mahler – realmente indignado pela dificuldade para estrear sua Primeira – a renunciar. Staegemann aceita sua renúncia. Uma vez mais a injustiça calou Mahler. "Toda a injustiça é uma injustiça ao universo inteiro, ao espírito do mundo – escreverá ele. E se eu firo um dedo, não somente fiz mal ao pequeno dedo mas a todas as funções do organismo. Eu tomo consciência enquanto pequeno dedo do cosmos. Goethe disse coisas imortais sobre isso. O que eu posso dizer só posso expressar inteiramente em música. Eu sou apenas um músico." Como consequência do dilaceramento e da dor, esse apaixonado pela música e por si mesmo pode chegar a negar-se em certos momentos de incerteza, mas seu radicalismo, a verdade intransigente de sua arte e a clareza de sua autoestima são sua coluna vertebral, a forma vertical de sua essência. Talvez me lembrando Carlitos – reconheço a presumida arbitrariedade dessa analogia – com suas rasteiras sempre penúltimas. Mahler é golpeado e ao mesmo tempo golpeia, porém nunca cai duas vezes no mesmo lugar. Algo que está além de seu próprio herói, de seu Titã da Primeira Sinfonia, o guia através de obstáculos e de desgostos. Certamente isso poderia ser chamado de muitas maneiras, mas o nome de *fogo metafísico* tem muito de convincente. A paixão que se realimenta sem cessar e a busca dessa transcendência que o transforma num insone são aspectos desse fogo metafísico. "Conjunção de alta tragédia e diversão de baixo estofo", como dirá Freud, "ardente impulso vital e intenso desejo de morte", como dirá ele mesmo, o certo é que Mahler não sente que pertence a este mundo. "Meu acorde em ré maior – dirá na sua Primeira Sinfonia – deve soar como se houvesse caído do céu, como se viesse de outro mundo." Nesse "outro mundo" Mahler não só é uma incógnita, mas um demiurgo. Não só leva sons até lá, mas os traz de lá. Anos depois, escreve a Anna von Mildenburg referindo-se à sua Terceira Sinfonia: "Poderia chamar a este movimento de o que Deus me diz. E somente no sentido de que Deus pode ser entendido como amor". Ou em outro momento: "Imagina uma obra de tal magnitude que seja o espelho de todo o mundo. Minha sinfonia será algo que o mundo ainda não ouviu. Nela toda a Natureza encontra sua voz. Algumas passagens me maravilham tanto que se torna difícil considerá-las como minha própria obra". Mahler produz seu próprio espanto. A Criação surpreende o Criador. "E então Deus (Mahler) viu que era bom."

Aos 28 anos é nomeado Diretor da Ópera Nacional húngara, criada quatro anos antes e em pleno marasmo. Uma das maiores instituições do mundo da música coloca em Mahler suas últimas esperanças. "A situação que se me oferece é tão importante que estou estupefato! Ela é também a que me angustia. Isso me fez refletir seriamente antes de aceitar. Serei diretor da Ópera Real com poderes absolutos e ilimitados, senhor e mestre de uma instituição tão importante como a Ópera de Viena e, ao mesmo tempo, regente de sua orquestra. Estarei sob a jurisdição de um único Ministério e totalmente livre. Salário de 10.000 florins com uma série de rendas adicionais e quatro meses de férias. É totalmente incrível! Ao mesmo tempo as responsabilidades são imensas [...]. Estou aturdido." Essa é a descrição que Mahler faz em carta a seus pais em setembro de 1888, depois de sua primeira visita a Budapeste. Quando se anuncia oficialmente sua designação, isso produz um grande estupor em toda a cidade: Mahler é judeu e sua nomeação acontece em pleno auge dos sentimentos chauvinistas; tem 28 anos e, ademais, é um desconhecido para o público húngaro. Certa crítica já começa seu ataque: Mahler não fala a língua do país, deve ser traduzido, tem mal caráter, possui fantasias onipotentes a respeito de sua capacidade para levantar o semidecrépito ambiente da Ópera. Mahler responde com um primeiro ato pleno de inteligente estratégia: declara publicamente que aprenderá o húngaro e que seu compromisso deverá ser considerado definitivo em seis meses, tempo que levará para dominar perfeitamente o idioma. Em 10 de outubro é apresentado oficialmente; seu primeiro discurso tende a inflamar a honra nacional húngara e impõe o *slogan*: "Disciplina, trabalho; trabalho, disciplina!". Além disso o húngaro será a única língua que se usará de agora em diante, evitando a curiosa mistura de uma ópera cantada em três ou quatro idiomas de acordo com a origem dos cantores. Desde o princípio impõe um ritmo de trabalho absolutamente desconhecido nessa época na Hungria, e seus subordinados passam da surpresa à indignação quando Mahler apresenta um plano artístico sem precedentes em Budapeste. Um exemplo: para a *Valquíria*, que se representa integralmente, Mahler exigirá não menos de 80 ensaios. Para a época em que vivemos hoje, no que diz respeito à absoluta irresponsabilidade com que se encaram os ensaios (em Madri um maestro convidado ensaia mais que duas vezes?), essa quantidade parece alucinante. Naturalmente, de imediato começam os problemas com os integrantes da orquestra, alguns deles "reduzidos ao desespero". As resistências surdas ou confessas começam a surgir no caminho desse fervoroso místico. A *Valquíria* significa um categórico triunfo de Mahler que o faz sair para saudar o público sete vezes, ao grito de "Viva Mahler!". A representação durou cinco horas e "o entusiasmo adquiriu caráter nacional" (escreve Mahler a seus pais). Até a imprensa mostra um entusiasmo unânime. Beer, um dos críticos mais conhecidos, escreve: "Um espírito novo possuiu os músicos e os cantores. Desarmados, eles creem em si mesmos e tomam consciência do que são capazes. Mahler é a profundidade e maestria de um músico que não vive apenas para a sua arte. Cada gesto, cada palavra, cada som, são perfeitos. Do ponto de vista orquestral, depois da visita da Filarmônica de Viena, jamais se ouviu nada comparável". Durante a quarta representação dessa mesma ópera, em 18 de fevereiro, Mahler recebe um telegrama que anuncia a morte de seu pai. Enquanto viaja para o enterro, Janö Rakosi, o mais chauvinista dos críticos húngaros, escreve: "Este judeu alemão transformou a ópera húngara tão poliglota num instituto nacional capaz de encontrar sua unidade". Mahler, já em Iglau, se preocupa em ordenar a vida de sua mãe e de seus irmãos. Os inimigos aproveitam para fazer circular um rumor de que "Mahler, wagneriano fervoroso, vai transformar a Ópera de Budapeste em uma sucursal de Bayreuth". Outros acrescentam: "Não se escutará nada além de Elsas, Brunnildas e Isoldas". De volta a Budapeste, Mahler prepara *As bodas de Fígaro*. O sucesso voltará a lhe sorrir. "O espírito de Mozart iluminou todo o conjunto, e seu sangue circulou pelo palco", escreve Victor von Herzfeld, absolutamente vencido. Um deputado do Parlamento húngaro, sacerdote católico de nome Klomlossy, pronuncia um discurso em que lança uma violenta crítica antissemita: acusa a ópera de contratar apenas judeus, de não interessar mais que à burguesia judia da cidade e, em razão disso, ser abandonada pela aristocracia húngara. O Presidente do Parlamento responde: "Todo o mundo artístico da Hungria se inclina ante Mahler". Mahler finaliza essa temporada com *Der häusliche Krieg* de Schubert cantada por uma trupe de jovens recentemente diplomados no Conservatório. Em carta pública, o representante Mihalovich agradece a Mahler o que está fazendo pela vida musical da Hungria.

Em 1889 Mahler começa o ano com uma nova operação de hemorroidas, seu "mal subterrâneo", particularmente agravadas e dolorosas. Isso somado à má saúde de sua mãe e de sua irmã Leopoldine intensificam sua ansiedade. Em 9 de outubro, ao começar a representação de *Lohengrin*, recebe um telegrama comunicando o agravamento da saúde de sua mãe, que morre em 11 de outubro. Mahler não pode viajar dessa vez. Leopoldine, a mais velha das irmãs, de 26 anos, morrerá nesse mesmo ano de um tumor cerebral. Mahler deve prover as necessidades de seus irmãos: Alois (22 anos), Justine (21), Otto (16) e Emma (14). Em 1º de outubro a imprensa húngara anuncia que Mahler dirigirá em primeira audição a Filarmônica de Budapeste em um *Poema sinfônico* do qual é autor (sua Primeira Sinfonia). Antes desse acontecimento, Mahler acompanha a cantora Bianca Bianchi – na realidade Bertha Schwarz, outra das negociações "funcionais" da identidade – em duas de suas canções do *Wunderhorn*, que são calorosamente recebidas. Antes da estreia de sua Primeira Sinfonia diz à orquestra: "Ainda estou possuído da impressão que me causou o ensaio geral de hoje e é uma necessidade para mim expressar meu reconhecimento a todos os executantes pelo espírito realmente artístico que colocaram em minha modesta obra. O ensaio geral de hoje me deu a certeza de que minha obra jamais poderá ser executada tão perfeitamente. Estou orgulhoso de estar à frente de vossa grande associação que se consagra com tanto zelo e desinteressadamente ao culto da arte. Peço-lhes que me considerem de hoje em diante como vosso agradecido e reconhecido Mahler". Não obstante, as calúnias e injúrias continuam na imprensa local e nas galerias da própria Ópera: "Mahler não compreende a mentalidade de um povo orgulhoso e suscetível que esteve muito tempo oprimido", "sua brusquidão, sua impaciência, sua crueldade, o inabilitam", "esse judeu alemão não nos compreende", "não se representam óperas nacionais" e uma longa lista de outros ataques. Para piorar, é nomeado intendente o Conde Géza Zichy, aluno de Liszt, compositor de medíocre talento. Esse novo funcionário é um ardente nacionalista e reforma os estatutos da Ópera para assumir pessoalmente parte das responsabilidades artísticas. "Deste templo judeu eu farei um templo de arte", diz. Mahler escreve a Natalie Bauer-Lechner: "Sou sem dúvida uma besta selvagem a quem todo mundo olha fixamente como se isto fosse um zoológico".

Enquanto isso, Johannes Brahms chega a Budapeste para dirigir duas de suas obras. Na véspera desse acontecimento, dois amigos de Mahler (Hans Kössler e Victor von Herzfeld) decidem convidar o maestro Brahms para uma representação mozartiana dirigida por Mahler. Brahms começa por fazer ouvidos surdos: "Jamais assisti a uma boa representação de *Don Giovanni* e prefiro reler a partitura sozinho. Por que não vamos a um café beber uma boa cerveja Pilsen?". Os dois amigos fingem que caminham até um café junto com Brahms e, na realidade, se dirigem para a Ópera. Uma vez ali, iniciam uma manobra sedutora: "Veja apenas o começo da representação. Neste camarote o senhor terá um confortável sofá para dormir". Brahms acaba aceitando. Os dois amigos se instalam na primeira fila do camarote e o grande músico se atira sobre o sofá traseiro. Na Abertura Brahms faz alguns gestos de aprovação. Pouco a pouco vai se interessando e, num momento, cheio de entusiasmo, exclama: "Excelente, admirável!... que diabo de homem!". No intervalo vai cumprimentar Mahler e o abraça efusivamente, dizendo: "Jamais ouvi melhor execução de *Don Giovanni*". No dia seguinte, Mahler escreve a Justine: "Ontem, Don Giovanni. Brahms esteve presente. Encantado com minha direção. Falou exatamente como fez Goldmark depois de meu *Lohengrin*. Disse-me que nunca havia ouvido um Mozart com tanto estilo. Preparou-se o terreno para uma verdadeira amizade entre nós". A verdade é que essa amizade se desenvolverá e Mahler visitará Brahms muitas vezes em Bad Ischl, viajando de bicicleta desde Steinbach. É ali que pede ao autor do *Réquiem Alemão* que interceda para ajudá-lo a chegar à Ópera de Viena.

Em 16 de março, durante uma representação de *Lohengrin* dirigida por Mahler, no término da Abertura acontece uma calorosa ovação aos gritos de "Viva Mahler" e "Abaixo Zichy!" que nasce de quase todo o teatro. Essa exclamação se prolonga por vários minutos. Zichy, presente, só consegue sorrir ironicamente. Mais adiante, em um dueto entre Elsa e Lohengrin, o público volta a aplaudir, e os gritos de entusiasmo voltam a se prolongar. O barítono Alexander Veres, que possui uma voz particularmente estrondosa, grita "Silêncio" e, depois de uns segundos de calma, o público, rindo, desata uma nova salva de aplausos e ressoa outra vez o grito de "Viva Mahler". Zichy decide que é a "representação de despedida" de Mahler. No dia seguinte ele declarará nos jornais: "Abandono meu posto agradecido pela maneira como foi apreciada minha atividade e consciente de haver cumprido fielmente minha tarefa nesta Ópera, à qual desejo um futuro florescente e próspero". Zichy responde: "De agora em diante a Ópera será dirigida com um espírito absolutamente húngaro". No dia de sua partida Mahler recebe uma soberba coroa de louros e uma batuta de maestro em um vaso de prata com a inscrição "A Gustav Mahler, genial artista, seus admiradores de Budapeste". A obra de Mahler será recordada na Hungria, onde, não esqueçamos, estreia sua Primeira Sinfonia em 20 de dezembro de 1889. Essa obra, uma das mais populares do autor, chamada inicialmente *Titã* em memória do personagem de um romance de Jean Paul, será, como a chamou Walter, uma verdadeira obra-prima da juventude. Para Marc Vignal é a "melhor Primeira jamais feita". No final dessa sinfonia Mahler lhe dá o título de *O grito do coração ferido*, e é onde deve soar esse acorde em Ré que vem de outro mundo. Esse "outro mundo" está desta vez no anedótico, no cotidiano, na contratação de Mahler em Hamburgo por Pollini (na realidade Bernhard Baruch Pohl, outra das conhecidas negações de identidade). Hábil empresário de sua época, no início Pollini oferece a Mahler todas as possibilidades. Hamburgo é a segunda cidade da Alemanha, com um milhão de habitantes, metrópole florescente de grande tradição comercial. Além disso, sua tradição musical vem de longe. Mendelssohn e Brahms nasceram ali, e ali exerceram sua arte desde Haendel até Carl Philip Emmanuel Bach. A Ópera é chamada, em razão da personalidade de seu diretor, *Polliniclinik* ou *Theatermonopollini*. Em Hamburgo Mahler disporá de um grupo de cantores mundialmente célebres e especialmente de uma trupe wagneriana difícil de superar. À sua chegada, em 26 de março de 1891, Mahler transborda de entusiasmo: "É impossível imaginar

– escreve a Justine – até que ponto esta cidade é bela e animada". Debuta com *Tannhäuser* em 29 de março, na Páscoa. Seu sucesso começa de imediato: "Que sutis e maravilhosas nuances se notam na execução orquestral", escreve o crítico mais renomado de Hamburgo, Carl Arnbrust. "O público ficou literalmente eletrizado por uma interpretação genial", escreve outro deles, Josef Sittard. Toda a crítica fala da "força mágica" e da "maestria absoluta" de Mahler. Um fato significativo: "Hamburgo acaba de adquirir um diretor de orquestra de ópera de primeira ordem. Gustav Mahler (sério, enérgico, judeu de Budapeste) é igual aos maiores. Ouvi *Siegfried* sob sua direção e estou profundamente admirado". Quem escreve isso a sua filha Daniela é Hans von Bülow, o que havia menosprezado esse jovem "presunçoso e ridículo" poucos anos antes. Essa conquista de von Bülow abre um capítulo essencial na carreira e na vida de Mahler. "Um capítulo – diz La Grange – que terminará por influenciar indiretamente a nomeação de Mahler para a Ópera de Viena." Seria excessivo reproduzir todas as críticas, mas destaco uma: "Mahler deu à obra uma feição graciosa e sorridente. Essa genial interpretação ressuscitou o espírito do 'Divino Mestre'. *A flauta* esteve plena de maravilhas inéditas", escreve Sittard, em vista da interpretação de *A flauta mágica*. Mahler faz *Tristão e Isolda* pela primeira vez em sua vida. Contudo – o clássico contudo da vida de Mahler – ele escreve: "Parece que meu destino é viver em meio às lutas e às contrariedades. Por manter sempre a cabeça erguida e o coração leal, eu amo ainda o melhor e não quero me contentar com o *caminho mediano* fácil e odioso. Mal começo, e ele já tenta triunfar sobre mim rapidamente [...]. A maioria dos cantores me detesta, mas a minoria, entre os quais se encontram os mais talentosos, está do meu lado", escreve a Natalie Bauer-Lechner no outono de 1891. Como era de se esperar entre dois temperamentos tirânicos, intransigentes, às vezes inescrupulosos, a maior parte das dificuldades vem de Pollini. Seus pontos de vista são muitas vezes contrários. Uma guerra surda vai sendo declarada. Nesse meio tempo, Mahler escreve a von Bülow: "Esperando que vossa saúde esteja melhor, quero pedir-lhe apenas 15 minutos de seu precioso tempo para mostrar-lhe uma de minhas partituras. É um acalentado desejo meu. Caso o senhor aceite meu pedido, peço-lhe que me indique a hora e o dia em que poderá me receber. Com minha profunda admiração. G. M.". Mahler contará depois que, uma vez interpretado um fragmento de *Tödtenfeier* (Primeiro Movimento da Segunda Sinfonia) von Bülow, exclama: "Se isso é o que você entende por música, eu não compreendo o que é a música". Em carta a Löhr, de 28 de novembro, Mahler diz: "Toquei um fragmento de meu *Tödtenfeir* e uma espécie de terror nervoso invadiu von Bülow, que se comportou como um louco. Disse-me que em comparação com a minha obra o *Tristão* lhe causava o efeito de uma sinfonia de Haydn". A decepção de Mahler por esse fracasso é enorme. O grande maestro de sua época, que havia contribuído para a descoberta da música de seu tempo (Liszt, Wagner, Bizet, Bruckner) o havia recusado. Respondendo a Richard Strauss, que lhe pede o envio de algumas de suas obras para interpretá-las, Mahler, decepcionado, escreve: "Quanto às minhas partituras, querido amigo, estou a ponto de trancá-las em minha escrivaninha. Você não imagina os fracassos que se sucedem sem cessar. Há uma semana von Bülow julgou uma delas. Perdi a confiança, ah, meu Deus! A história do mundo poderá continuar bem sem minhas obras". Em 3 de janeiro de 1892 Mahler estreia em Hamburgo, com a presença do autor, o *Eugenio Oneguin* de Tchaikovski. Este dirá: "Mahler é um músico genial". Enquanto isso, a história torna a se repetir: von Bülow é obrigado a se demitir em razão de sua enfermidade e Mahler, outra vez, tem os deuses do seu lado. Em Hamburgo Mahler dirige o *Te Deum* e a *Primeira Missa* de Bruckner, coisa que volta a fazer em sua turnê pela Inglaterra. E apesar de em algum momento Bruckner reconhecer que "o judeu Mahler o incomoda", acompanha sua carreira com muito interesse. Uma carta de Mahler daquela época esclarece a relação entre eles: "Querido e bem amado mestre: sei que há muito tempo está aborrecido comigo, mas acredite que comete um erro. Estou um pouco sacudido pelas ondas da vida e, no momento, vagueio em pleno mar. Penso no senhor com admiração e amizade. Um dos objetivos de minha vida será contribuir para a vitória de vossa soberba arte. Espero poder demonstrá-lo prontamente". A vida dará razão a Mahler. Para a citada turnê pela Inglaterra, Mahler toma aulas de inglês com Arnold Berliner, um jovem médico inteligente que acabará se suicidando durante as perseguições antissemitas de 1942. A triunfal turnê pela Inglaterra pode ser sintetizada nesse comentário de Paul Dukas ao ouvir *Leonora III*: "Incrível revelação do gênio beethoveniano. Genial diretor. Assisti à criação de uma verdadeira obra de arte". Em 13 de julho de 1892 Fritz Löhr torna a visitar Mahler em Steinbach-am-Attersee e Mahler o faz ouvir os *Wunderhorn Lieder*, movimentos da Segunda, extratos de Goethe e de "seu querido *Dom Quixote*". No começo da temporada de 1893-1894 Mahler sofre, em meio a uma epidemia de cólera que assola Hamburgo, uma grave indisposição com violentas dores intestinais e diarreias intensas. O médico suspeita de cólera, e ele é transportado para o hospital, mas tudo se resume a uma infecção intestinal com febre alta (talvez tenha sido isso o que inspirou a Thomas Mann e Visconti as oníricas cenas de *Morte em Veneza*). Numa carta a Löhr volta a discorrer sobre suas cíclicas vicissitudes: "No estado atual do mundo, minha condição de judeu me impede de aceder aos teatros mais importantes da corte. Nem Viena, nem Berlim, nem Dresden, nem Munique me são acessíveis. Por todos os lados sopra atualmente o mesmo vento. É esse estranho estado de alma em que me encontro (que no conjunto não é particularmente triste) o que me mantém muito ocupado [...] Se eu concordasse em ir para Viena, como poderia sobreviver com minha concepção das coisas? Bastaria explicar à célebre Filarmônica – dirigida pelo honesto Hans (Richter) – a minha concepção de uma sinfonia de Beethoven para desencadear o combate mais penoso. Aqui acontece o mesmo, apesar da admiração sem reservas que tenho tido da parte de von Bülow e Brahms minha posição não é sempre indiscutível [...] Não creio em meu 'mau humor'. Ao contrário, reconheço uma espécie de fatalismo que me faz considerar minha própria vida e sua orientação com um certo interesse. O mundo me agrada cada dia um pouco mais. Devoro livros: eles são a única alegria que tenho sempre a minha disposição, e que alegria! Deus meu, que faria eu sem ela? Eles são ao mesmo tempo meus pais, meus irmãos e meus bem-amados, sempre consolando e sempre dignos de confiança". E esse veterano escreve a Löhr em 30 de junho: "Anuncio-te a feliz chegada ao mundo de um saudável e vigoroso último movimento da Segunda. Pai e filho em estado satisfatório. Agora eles estão fora de perigo. A criança recebeu o santo batismo com o nome de *Lux lucet in tenebris*. Os testemunhos de silenciosa simpatia serão preferidos às coroas de flores. Entretanto, todos as outras cortesias serão aceitas". Mais adiante nos ocuparemos dessa impressionante Segunda Sinfonia.

No começo de julho, Mahler novamente visita Brahms em Bad Ischl, visita que repete a cada ano. "Um grande artista mas um homem insuportável", dirá. Em 15 de setembro de 1894 chega a Hamburgo, contratado como ajudante de Mahler, Bruno Schlesinger (que depois trocará seu nome para Bruno Walter, diante das exigências da Ópera de Breslau em relação ao aspecto "exageradamente judeu" de seu sobrenome). Walter chegará a ser um dos maestros mais famosos do século e verdadeiro partidário combatente de Mahler, um verdadeiro apóstolo. Dirá: "Mahler exerceu uma influência notável em meu destino musical e em minha vida inteira. Era inimigo declarado dos sistemas e métodos de ensino. Sua vivacidade de espírito, sua impulsividade, suas mudanças de humor e de opinião, sua eterna busca de uma verdade que não podia ser mais que subjetiva, a força de sua personalidade, a intensidade de sua visão, os exemplos práticos que ensinava todos os dias, seu fervor, até seu fanatismo para corrigir os mais minúsculos detalhes, exerciam sobre mim uma influência irresistível". Esse exemplo "incomparável" de Mahler estimulava e ao mesmo tempo deprimia Bruno Walter.

Pouco depois da chegada de Walter, chega também a Hamburgo, contratada por Pollini, a soprano Anna von Mildenburg, que terá tão profunda influência na vida de Mahler. Quando de sua chegada, fazem-na conhecer o pessoal do teatro, os cantores, os diretores de cena e os regentes de coro. Apenas uma pessoa falta ao encontro: o primeiro Kapellmeister, que lhe é descrito como "um homem absolutamente assustador, ao mesmo tempo tirano e pedante insuportável". Diante do comentário de Anna de que conhece bem seu papel, dizem-lhe: "Sim, você acredita que uma colcheia é sempre uma colcheia. Não obstante, entre uma colcheia de Mahler e uma colcheia normal há um abismo de diferença". Mahler começa os ensaios e literalmente fascina a recém-chegada. Nessa época, Anna tem 23 anos. A verdade é que Mahler também fica fascinado pela soprano e, então, tem início um tempestuoso amor enquanto em Berlim, no dia 13 de dezembro de 1895, com a participação da Filarmônica dessa cidade, se executa a primeira versão completa da Segunda Sinfonia, que obteve um enorme sucesso. Nos primeiros meses de 1896, Mahler escreve: "Estou terrivelmente comovido, Anna. Oh, meu Deus!, é preciso que me perdoes tudo o que faço. O monstro do arrependimento me estende suas garras e persiste ainda um instante, até transformar-se em outro ainda mais terrível: o dos ciúmes. Perdoa-me o que fiz e mais ainda, o que eu sou [...]. É-me impossível pensar em mim apenas como amigo, Anna, minha querida Anna. Adeus! Se necessitas de alguma coisa, escreve-me. Se passas por momentos difíceis, escreve-me. Se tens algum sentimento por mim, escreve-me. Se precisas de mim, escreve-me. Anna, perdoa tudo, perdoa-me". Em outra carta: "Jamais senti por uma pessoa um amor tão puro e tão sagrado, e tu não me amas". A relação passa por outros momentos: "Bom dia, meu querido verdugo. A tortura é bem doce". Outra carta, escrita em Steinbach, diz: "Meu coração, é preciso que te ocupes. De minha parte sou incapaz de causar a menor alegria, nem a mim mesmo nem aos demais. Estou todo o tempo contrariado, de mau humor, egoísta, mesquinho, e Deus sabe que, enquanto exerço uma atividade que exige toda a intensidade de minhas forças [...]. Aumento meu ânimo, me sinto reviver, amo a vida, e dou àqueles que me rodeiam o melhor de mim mesmo. Se eu devesse parar de acreditar, seria o mais desgraçado dos homens". Em outra carta do mesmo lugar: "Tu me faltas, querida Anna, a tal ponto que se não fosse por meu trabalho, 'tua rival', como o chamas, sem dúvida sucumbiria a Sehnsucht [...]. O verão chegou passo a passo e não podes imaginar os sons e os cantos. De todos os lados a vida germina, mas nos intervalos os sons misteriosos e dolorosos se fazem ouvir novamente. É a natureza inanimada que espera, imóvel e silenciosa, seu advento. Mas as palavras não podem descrevê-lo". Em 7 de julho Mahler recebe uma carta de Anna e lê no envelope a sigla PAN. Vivencia essas "três iniciais" como um sinal, como uma mensagem do destino: é o nome do deus grego que encarna a natureza. Essa seria a origem de um dos nomes de sua Terceira Sinfonia: Sinfonia Pã. As iniciais eram, na verdade, *Post Amt Nummer 30* (agência de correios número 30). Esse "alquimista de sons", como o chama La Grange, é ao mesmo tempo um alquimista propenso às mensagens do destino. Suas permanentes reinterpretações cheias de desígnios e exorcismos são a expressão de seu espírito supersticioso, obsessivo e fatalista. Porém Mahler faz do fatalismo uma espécie de instrumento que serve a seus propósitos. Haverá muitos revezes, contradições, fracassos, torpezas, obstáculos, mas sempre triunfará esse espírito, essa luz, que "decidiu" que Mahler seja um contemporâneo do futuro. O músico que havia dito: "Ignoro o que significa a palavra subordinação" subordinava tudo ao mandato secreto. A essa missão que tinha o objetivo de traçar a mais impressionante ponte que o homem construiu entre os séculos XIX e XX. Mas esse ano de 1896 trará outras dores maiores que o amor desamparado: seu irmão preferido, Otto, se suicida deixando uma mensagem: "Devolvo meu bilhete de entrada". Seu outro irmão, Alois – que se fazia chamar de Hans para não parecer judeu – comete uma fraude e precisa partir para a América. Brahms, já ressentido devido ao seu câncer de fígado, é visitado por Mahler pela última vez. "Sombrio e hostil à vida", Brahms passa numerosas horas à sombra de uma grande árvore no jardim de sua casa. Bruno Walter conta que Mahler havia se despedido de Brahms e, ao passar por um corredor escuro para dirigir-se à porta, havia se virado e visto o enfermo ir até uma frigideira de ferro e tirar dali um pedaço de salsicha e um pouco de pão. Mahler descrevia a imagem, entre funesta e grotesca, daquele moribundo ante o que parecia uma ceia de estudante. Enquanto se desenvolve sua relação com Anna von Mildenburg, essa wagneriana que pode discutir com Mahler no seu nível, ele tenta conseguir outro lugar onde possa cultivar suas ilusões mais ambiciosas. Diante dos comentários da imprensa de Viena ("Não queremos um músico que fale o jargão judeu no escritório da Ópera"), Mahler escreve a Munique. O intendente geral Karl von Perfall, depois de examinar uma foto de Mahler, declara que a nomeação é impossível pelo "seu tipo semita tão explícito". Mahler escreve: "É impossível definir a natureza do músico. Será mais fácil determinar em que ele difere de outras pessoas. Qual é sua meta? Errar na escuridão como um sonâmbulo, sem saber que caminho seguir, exceto que não pode ser o precipício vertiginoso que ele percorre à beira do abismo. Não obstante o músico se orienta por fulgores distantes, sempre ignorando se são astros eternamente brilhantes ou fogos de artifício enganosos". Dirige a primeira audição de *Lieder eines fahrenden Gesellen*, composta 12 anos antes. Quando Ferdinand Pohl lhe pergunta sobre a futura recepção de suas obras, Mahler responde: "Um dia minhas obras serão ouvidas com a mesma frequência com que hoje se ouvem as de Beethoven". Essa firme profecia de Mahler ("se se quiser encontrar uma ascendência, é preciso buscá-la mais na Nona de Beethoven do que no Tristão de Wagner", escreverá Antonio Golea), é a verdade íntima dessa linhagem do sangue. Mahler será quem, já em sua Segunda, recuperará a voz humana para a sinfonia, o que, desde Beethoven e sua Nona, não havia sido tentado por ninguém. Entre outras pontes que traça esse singular arquiteto – a de Beethoven –, a *Ressurreição* é uma das mais íntimas e vigorosas. "Quando mergulho em uma grande criação musical chego sempre a um ponto em que devo recorrer à palavra como suporte de minha ideia musical. Isso deve ter acontecido a Beethoven com sua Nona!" Depois Mahler renunciará a essas ideias para fazer música puramente instrumental, até chegar à sua Oitava, como já vimos.

Mas vamos à sua Segunda Sinfonia. Bruno Walter dirá: "Sua Segunda – um canto de dor de um mundo em sofrimento – é de uma majestade quase beethoveniana. E de uma força irresistível [...] Ninguém que contemple essa construção altaneira, com suas luzes e suas sombras deslumbrantes, com suas formidáveis contradições, pode aceitar a descrição lacônica de 'um funeral', a única que Mahler soube dar quando lhe perguntaram 'o que havia querido dizer'". Ele mesmo dirá nessa época: "Minhas duas sinfonias esgotam o conteúdo de toda minha vida até hoje; o quanto experimentei e sofri, verdade e ficção, estão nelas, e para aquele que saiba ler bem, minha vida aparecerá com toda transparência. Sei muito bem que enquanto viver não serei reconhecido como compositor. Isso acontecerá sobre meu túmulo. A distância que leva até o além é uma condição *sine qua non* para que se aprecie em seu justo valor a espécie de fenômeno que represento". Essa foi a sinfonia mais executada durante a vida de Mahler, e talvez a mais popular apesar de sua ambição metafísica. "Chamei o Primeiro movimento de *Todtenfeier* ou *A celebração do morto*. Se você deseja saber, é o herói de minha Primeira Sinfonia a quem levo até a sepultura. Desde o começo surgem as grandes perguntas: Por que viveu? Por que sofreu? Tudo não passou de uma imensa, terrível farsa? Todos devemos responder a essas perguntas de algum modo, se é que temos de continuar vivendo e até mesmo se só temos de continuar morrendo. Qualquer um que ouça este chamado deve dar uma resposta", escreve Mahler a um amigo. E acrescentará: "Dou essa resposta em meu último movimento" (carta de 26 de março de 1896 a Max Marschalk). O segundo e o terceiro movimentos percorrem esse processo do herói até a busca da resposta válida. O segundo se apoia nos tempos felizes da infância e na nostalgia. "Acontece como se alguém estivesse no enterro de uma pessoa querida e, então, no caminho de volta, emergisse repentinamente a imagem de um momento de felicidade distante. Essa imagem produz o efeito similar ao de um raio de sol, e a pessoa quase pode esquecer o que acaba de ocorrer. Em seguida, desperta e volta da fantasia à realidade, e então pode acontecer que o movimento incessante, a nunca compreensível mudança da vida, se torne tão espectral como o movimento de figuras que dançassem num iluminado salão de baile para onde a pessoa olha a partir da noite escura, de tão remota distância que não é possível ouvir a música. Falta o ritmo, chave dos movimentos, e então as voltas e reviravoltas dos pares parecem sem sentido". Mahler necessita, como nunca, explicar pormenorizadamente o desenvolvimento dessa fascinante obra, conduta a que, posteriormente, renunciará. Pela necessidade de dar essa resposta que ele próprio exige de todos, Mahler introduz um coro no último movimento. "Para encontrar a palavra libertadora procurei realmente em toda literatura universal, inclusive na Bíblia, e finalmente me vi forçado a expressar meus sentimentos e meus pensamentos com minhas próprias palavras [...]. Foi então exatamente quando von Bülow faleceu e assisti ao serviço fúnebre. Meu estado de ânimo, com que pensei no morto, era exatamente o da obra que naquela ocasião me ocupava sem cessar. Nesse momento o coro entoou o *Auferstehn* de Klopstock (o coral *Ressurreição*). Atingiu-me como um raio de luz, e tudo se tornou claro e vívido em minha alma. O criador aguarda esse raio de luz. Ele é sua Santa Anunciação. O que experimentei então não tinha mais que ser posto em música. E, contudo, se eu não houvesse levado essa ideia em meu íntimo, como poderia tê-la experimentado? Nesse momento, junto a mim, havia mil pessoas na igreja." Mahler viu nesse acontecimento um oráculo místico, uma nova insinuação do destino. Descreve esse movimento da seguinte maneira: "Começa com um grito do herói falecido. Um tremor percorre a terra. Escutai o redobrar dos tímpanos. Ressoa a Grande Chamada, abrem-se as tumbas, e todas as criaturas surgem do seio da terra com gritos lancinantes e ranger de dentes. Todos acorrem agora ao desfile gigantesco, os mendigos e os ricos, o povo simples e os reis. Todos eles com a mesma ansiedade gritam de medo, pois ninguém é justo diante de Deus. Entretanto a Grande Chamada continua se fazendo ouvir desde o outro mundo, desde o Além. Por último, quando o tremendo tumulto está apaziguado, sozinha, saindo da última sepultura, ressoa a voz da ave da morte. Nada do que todos temiam acontecerá: não haverá eleitos nem condenados. Ninguém é bom, ninguém é mau. Não há juiz nem juízo final. Suave e simples o coro começa a cantar: 'Levantai-vos, sim, levantai-vos...'. Nesse momento pode-se captar a melodia apenas audível de um rouxinol, último eco trêmulo da vida terrena. *Ressuscitareis, certamente ressuscitareis*, o amor infinito ilumina nosso ser. Sabemos e somos". Mais tarde, Mahler dirá: "Minha Segunda Sinfonia poderia desaparecer sem causar uma perda irreparável para a arte e para a humanidade?". Ouvir essa sinfonia é um estimulante privilégio que Mahler nos concedeu. Recordo agora uma madrugada nas praias de Villa

Gedell, no Atlântico Sul, com meus amigos Letícia e Hector Fiorini. A praia deserta, poucos pescadores madrugadores com suas redes, o mar como que saindo de um plácido torpor. Colocamos a Segunda Sinfonia de Mahler. Sua marcha fúnebre que se ergue imensa sobre o fundo desse horizonte ilimitado, os lamentos do vento no bosque próximo, a dança melodiosa sobre a qual Reik diria que "lembra Schubert" e que contém as saudades dessa juventude compartilhada e as lembranças da inocência perdida, o desespero que traz o *scherzo* com sua magia e sua inquietação pela existência, a aurora primordial com a recuperação do sentimento de estar juntos e ter sentido, a luz original (o *Urlicht*) onde a desnuda singeleza é uma forma diáfana da esperança, e o impressionante movimento final com seu grito, seu medo, seus trompetes do Apocalipse, o tênue canto do rouxinol e a paz definitiva de saber-se inocentes e justificados. Recordo ainda o amoroso olhar de meus amigos quando o estrondo do órgão e os sinos com muita rapidez selam, nessa madrugada difícil de esquecer, o júbilo da orquestra, de Mahler, nosso, e de Deus.

Quando da estreia da Segunda em Berlim, Arnold Schönberg escreve: "É indubitável que uma obra de arte não pode produzir maiores efeitos que quando transmite ao ouvinte as emoções que comoveram o criador, de tal forma que também nele essas emoções se agitem e lutem. Eu estava subjugado, totalmente subjugado".

Então virá sua Terceira Sinfonia, esse hino à Criação no qual Mahler dá voz ao bosque, ao crepúsculo, ao amor, à criança, ao cuco, ao verão, às flores do campo, à noite, ao próprio Deus, "que é amor", como escreve a Anna von Mildenburg. O quarto e quinto tempos são cantados e utilizam um texto de Nietzsche e um poema do *Wunderhorn*.[7] A morte deixou de proclamar sua presença, e é a Natureza e "a outra vida" que reinam em todos os movimentos. O deus Pã desperta e protagoniza o verão. Existe uma carta de Mahler a Bruno Walter, de 2 de julho de 1896, escrita

---

[7] *Das Knaben Wunderhorn*, coleção de canções populares, da Idade Média até o século XVIII, publicada pelos alemães Achim von Arnim e Clemens Brentano no início do século XIX. (N.T.).

em Steinbach-am-Attersee, que diz: "Querido amigo: envio-lhe esta breve resposta para convidá-lo a vir nos ver no dia 16. Talvez meus irmãos lhe tenham dito que não tenho estado ocioso: espero que daqui a algumas semanas tenha terminado a Terceira. Os primeiros esboços já estão muito adiantados e trabalho na orquestração. Não duvido que nossos amigos, os críticos, oficiais e oficiosos, terão vertigens novamente, mas os que desfrutarem com os agradáveis passeios que proponho se divertirão muito. A obra inteira está, naturalmente, maculada com meu deplorável senso de humor e 'muitas vezes aproveita a oportunidade de submeter-se à minha lamentável predileção pelos sons desagradáveis.' Muito frequentemente os músicos 'não prestam a menor atenção mútua, e é minha natureza mórbida e brutal que se revela em sua total nudez.' Qualquer um sabe que não posso viver sem trivialidades. Desta vez, contudo, foram franqueados todos os limites do suportável. 'Às vezes tem-se a impressão de ter entrado numa pocilga.' Venha logo, então, depois de ter colocado sua armadura. Se seu gosto foi refinado em Berlim, prepare-se para vê-lo irremediavelmente estragado. Minha mais afetuosa saudação para você e para sua família, e até breve. Como sempre, Gustav Mahler". Alma dirá depois da estreia dessa sinfonia: "A audição da obra havia me convencido finalmente da grandeza de Mahler. Nessa noite lhe dediquei meu amor e minha devoção com lágrimas de alegria. Compreendi o que até então só havia suspeitado. Minha missão era eliminar todo obstáculo em seu caminho e viver somente para ele". Talvez mais do que em qualquer obra anterior, Mahler "apertava a maciça, borbulhante, grandiloquente orquestra do wagnerismo para introduzir um impressionante pontilhismo de timbres, uma autêntica melodia tímbrica, a 'cor' não como ação, mas como inspiração" (palavras de Theodor Adorno citadas por Sopeña Ibáñez). Sobre o Adágio dessa sinfonia, diz Sopeña: "Para a época em que Mahler viveu, a da *religião mundana*, a íntima e solene religiosidade desse movimento é um verdadeiro desafio. Necessita de um templo interior, o do coração humano". Kierkegaard o havia expressado assim: "Sacerdotes de sangue doce nos abrem o livro da natureza de vez em quando".

O resto, já conhecemos pelos movimentos anteriores. Mahler é nomeado em Viena. Quando anuncia a boa nova a seu amigo Förster, este lhe diz: "Você viu como a verdade sempre triunfa?". Mahler sorri: "Förster, você é um ingênuo incorrigível e idealista. A que acredita que se deve minha nomeação? A meus méritos artísticos?". "A que, então?", pergunta Förster. "A uma proteção feminina", conclui Mahler. O sonho de Mahler se realizou, a pátria reencontrada, o fim do *mal du pays*, a "verdade que triunfa". Viena permite a Mahler uma resposta tipicamente vienense: "Se desejas algo, não é um conto de fadas. Se não desejas algo, é um conto de fadas". A década definitiva começou. Mahler encontrou sua identidade.

A missa nona

quarto movimento

a canção da terra
a penúltima tempestade
a herança do fogo
sinfonias: nona e adágio da décima

"Parece que a Nona é o limite. Aquele que quer ir além deve desaparecer. Aqueles que escreveram uma Nona Sinfonia estavam demasiado perto do Além."

Arnold Schönberg
(referindo-se à Nona de Mahler)

"Uma libélula: tira-lhe as asas, um grão de pimenta!
Um grão de pimenta: acrescenta-lhe duas asas, uma libélula!"

Basho
(poeta zen)

"Sim, se suprimissem, se apagassem o nome de Mozart, se derrubaria a única coluna que até agora impediu que, para mim, tudo desabasse em um caos infinito, em um terrível nada."

Sören Kierkegaard

"Minhas obras agirão por si mesmas, agora ou mais tarde. É necessário estar presente quando alguém se torna imortal?"

Gustav Mahler

"A música é a revelação do absoluto sob a forma do sentimento."

Georg Wilhelm Friedrich Hegel

Em julho de 1908 Mahler escreve a Bruno Walter: "Falo por enigmas porque você não pode saber nada do que tenho passado e do que se passa no meu íntimo. Não é, certamente, um medo hipocondríaco da morte, como você supõe. Há muito tempo sei que terei que morrer. Sem tratar de explicar nem de descrever uma coisa para a qual não existem palavras, digo simplesmente que, de repente, perdi toda a calma e a paz interior que havia alcançado. Encontrome cara a cara com o nada e, a partir de agora, ao chegar ao fim de minha existência, devo começar a aprender a andar e a me manter de pé". O protagonista dessa vida fulgurante, de uma dedicação à arte sem precedentes na história, volta a fraquejar. Outra vez sua cíclica metamorfose o marca. Essa virada acontece próxima de sua morte e, sobretudo, é contemporânea da inquietante certeza dessa morte. O ingênuo Mahler, o inescrupuloso Mahler, o temperamento sanguíneo em que é difícil discriminar o místico do utilitário, o insuperável técnico do iluminado criador, o irritante demiurgo do terníssimo amigo, o colérico regente do hábil mediador, o inspirado trêmulo do frio calculista, o enamorado do amor do amante distante, tudo nele é contradição viva, respiração gozosa e ao mesmo tempo taciturna, melancolia e plenitude equivalentes, dor e fervor de viver. O inquietante observador da natureza que incluía em seus pentagramas o canto dos pássaros do bosque não hesitava em persegui-los a tiros quando interrompiam seu trabalho na cabana com seus gorjeios. Paradoxo tornado pulsação. Clamor, imprecação, ternura, crueldade, ímpeto, misericórdia, rancor, temor, fragilidade, consentimento, teimosia, tudo habita seu imponente coração. Busca repouso, mas não o deseja. Afirma não temer a morte, mas a teme. Afirma ver o mundo, mas ele se desvanece frequentemente quando o mandato secreto o submete. Não perde tempo porque sabe que seu tempo não é generoso. Tem fé na vida, mas vive cara a cara com o nada. Escreverá em 1909: "Há tantas coisas, demasiadas coisas que poderia dizer sobre mim mesmo, que não posso nem começar. Sofri tanto durante esses últimos 18 meses que não posso contar. Como poderia tratar de descrever uma crise tão angustiante? Vejo tudo sob uma luz totalmente nova. Sou presa de tais transformações que não me assustariam se me encontrasse em um novo corpo (como Fausto na cena final). Tenho mais avidez de vida que nunca, e acho 'o costume de estar na vida' mais doce que nunca. Neste momento os dias de minha existência são como os livros sibilinos [...]. Que absurdo deixar-se submergir pelo brutal torvelinho da vida, mentir a si mesmo ainda que seja só por um momento, e mentir ao que está acima de nós. Escrevo isto de qualquer maneira. Agora mesmo, quando deixar a casa, serei tão tonto como os demais. O que, em nós, é o que pensa? O que é o que age? É estranho, mas quando escuto música – inclusive se eu a dirijo – ouço respostas muito precisas a todas as minhas perguntas, e tudo é para mim perfeitamente claro e seguro. Ou ao contrário, o que me parece compreender claramente é que não são realmente perguntas". Que nova semelhança com o pensamento kafkiano! Em seu aforismo 39 Kafka escreve: "Antes eu não compreendia por que não recebia nenhuma resposta às minhas perguntas. Hoje não compreendo como podia acreditar que podia perguntar. Porém eu não acreditava em absoluto, somente perguntava". A música é a resposta definitiva mas não responde a uma pergunta, pelo contrário, ela é a própria pergunta. O lugar do universo onde tudo se torna transparente para Mahler. Quando, no final de *Das Lied von der Erde*, Mahler diz: "Vou para meu país, para meu refúgio", o que está fazendo uma vez mais é acomodar-se dentro de sua música, postergando sua residência definitiva, alojando-se

entre suas colcheias como o lugar exato em que poderá repousar seu coração cansado. Não há perguntas, mas nela estão as respostas. Essa é a autêntica canção da terra. O homem que sabia mais que ninguém da euforia de viver um destino claro é ao mesmo tempo esse solitário que, gigantesco e frágil, "bebe a dor da terra". Essa terra que tem um canto, e é esse canto, quem o consola de estar nela. Bruno Walter diz a respeito de *Das Lied von der Erde*: "O homem que levantou o edifício da Oitava Sinfonia 'em harmonia com o eterno' pode também ser aquele que contempla a juventude com o olhar de comiseração da velhice, aquele que se esforça para esquecer a beleza ante o absurdo da existência? De sua fé pela vida haviam nascido suas obras anteriores. Sabendo-se agora ameaçado por uma grave enfermidade, Mahler, como o príncipe André,[8] de Tolstói, se desinteressa pela existência, e este desapego transforma seus pensamentos e sua criação. Empregando a fórmula de Spinoza, Mahler escreveu *A canção da terra* **sub especie mortis**. A terra desaparece, o músico respira outro ar, uma luz nova brilha sobre ele, e então o que compõe é uma obra totalmente nova: pelo estilo de escritura, pela invenção musical, pela instrumentação e a estrutura dos diferentes movimentos. É a mais subjetiva de suas obras [...] a terra é um campo ilimitado de emoções para ele que logo vai abandonar a vida". A nostalgia e o tempo – esses dois habitantes permanentes do mundo mahleriano – se potencializam nessa primeira metade de seu testamento. "A jovem de *A canção da terra* – escreve Theodor Adorno – envia a seu amado 'longos olhares nostálgicos'. Tal é o olhar da própria obra, cheia de desejos e de dúvidas, voltando-se para o passado com uma ternura infinita, como só o tinha feito o *ritardando* da Quarta Sinfonia, mas como também o faz Proust em seu *Em busca do tempo perdido* surgido na mesma época. As raparigas em flor de Balbec são as mesmas jovens chinesas que Mahler apresenta 'colhendo flores'. O final do *lied Von der Schönheit* – uma página daquelas que se dá à música uma vez a cada cem anos – volta a encontrar o tempo como perdido e sem retorno."
E muitas vezes esse tempo sem retorno tem a dramática fugacidade

---

[8] André Bolkonski, personagem de *Guerra e paz*, de Tolstói. (N.T.)

do amor. E do desejo feito estremecimento momentâneo. E do prazer que nos aprisiona e nos liberta do absoluto. "Uma taça de vinho, a seu tempo, vale mais que todas as riquezas da terra", cantará Mahler nessa obra. Uma série de canções unidas entre si até adquirir a fisionomia de um grandioso afresco sinfônico, *A canção da terra* viria a se situar como a Nona Sinfonia de Mahler, porém, pelas superstições tradicionais da história da música, que Schönberg explicita em uma das epígrafes desse movimento, Mahler decide não numerá-la. Pensa assim pregar uma peça no destino. Chegou inclusive a colocar o número 9 para em seguida apagá-lo. Mais tarde começou a escrever o que é hoje a sua Nona Sinfonia, dizendo: "Na realidade é minha Décima, porque *Das Lied von der Erde* é realmente a Nona". Finalmente, quando estava escrevendo os esboços do que hoje é sua Décima inconclusa e que, na realidade, é a Décima Primeira, expressou: "Agora o perigo passou". Na verdade, não foi exatamente assim — talvez um pacto nascente com o destino — porque Mahler, como Beethoven, como Schubert e como Bruckner, não pôde chegar a escrever a Décima.

A canção da terra é inspirada em poemas chineses dos séculos VIII e IX, traduzidos para o alemão por Hans Bethge. Mahler tinha lido esses poemas — agrupados sob o nome de *A flauta chinesa* — já em 1907. É interessante assinalar os títulos dos poemas que Mahler selecionou: *Canção báquica da dor da terra, O solitário no outono, Da juventude, Da beleza, O bêbado na primavera* e *O adeus*. A duração da obra é de aproximadamente uma hora. Não é minha intenção percorrer prolixamente os textos dessa obra magna, porém realmente quero apresentar o final, pleno de sugestões sobre os sentimentos de Mahler: "Oh, meu amigo, a felicidade sobre a terra não sorriu para mim! Perguntas-me aonde vou? Vou em direção às montanhas, buscar repouso para meu coração solitário! Vou para meu país, para meu refúgio! Renuncio para sempre aos vastos horizontes! Meu coração silencioso espera sua hora! A terra adorada, em todos os lugares, floresce na primavera e volta a ser verde! Sempre, em todas os lugares, resplandecerá o horizonte azul! Eternamente... eternamente...". A voz, sete vezes seguidas, cada uma mais distante e sob o acompanhamento da celesta, voltará a retomar este "eternamente". Diz Marc Vignal: "A música em um *decrescendo* que

MEINER LIEBEN FRAU
ALMA MARIA.

ACHTE SYMPHONIE
VON GUSTAV MAHLER

PARTITUR

AUFFÜHRUNGSRECHT VORBEHALTEN
DROITS D'EXÉCUTION RÉSERVÉS
"UNIVERSAL-EDITION"
AKTIENGESELLSCHAFT
WIEN — LEIPZIG
COPYRIGHT 1911 BY UNIVERSAL-EDITION

Partitura Oitava Sinfonia

infalivelmente corta o fôlego, se dissolve no silêncio, como o solitário se dissolve no seio da Natureza. Para nós, ouvintes, não se acaba: está interrompida. A conclusão, se existe, situa-se mais longe, no além". É aqui onde encontrei, junto ao terceiro movimento de sua Primeira, o *Todtenfeier* e o último movimento de sua Segunda, em sua Terceira e nas alegres formas de sua Quarta, na incrível Quinta com sua Marcha Fúnebre e na melodia de Alma da Sexta, nos fundamentos da Sétima, na majestade sem limites da Oitava, e nessa definitiva – para mim – altura de sua Nona inalcançável por outro músico; foi ali, nesse final de *Das Lied von der Erde,* que encontrei a própria razão desta homenagem. *Mein Herz ist müde. Meine kleine Lampe Erlosch mit Knistern* [Meu coração está cansado. Minha pequena luz se consumiu]. Assim como Sopeña Ibáñez afirma que quisera ter sempre na Missa uma emoção como a que sente na Segunda de Mahler, assim levo eu, preso no peito, esse "Eternamente" que me conecta definitivamente com o absoluto. Com esse frêmito sagrado que é saber-se justificado ante essa angústia e esse tremor. Alguém, ouvinte habitual de Mahler, que aprendeu a compartilhar com ele a embriaguez e o delírio, que encontrou repetidamente o caminho para o êxtase, que soube, finalmente, de maneira insubstituível que o coração e o entusiasmo têm razões que a razão não entende, que se confundiu na própria textura de alguns sons que não podem ser repetidos, que nesse contato com o absoluto conseguiu não esquecer aquela frase de Kirilov sobre Stavroguin, "quando crê, não crê que crê, e, quando não crê, não crê que não crê", e também que não há lucidez sem rompimento mas, ao mesmo tempo, não há rompimento sem Deus, que o sonho e a vigília são irmãos siameses, que junto ao que se diz está sempre o que se cala, que nesse silêncio que realça a palavra está, ao mesmo tempo, a outra temida e desejada forma da linguagem, que a transcendência não é só o ato religioso de transcender a condição humana, mas de fazer dessa prisão que é nosso corpo a sua própria libertação e sua própria abertura para o mundo, que existem sombras e trejeitos entre a alegria e a tristeza, mas que são elas – a alegria e a tristeza – as marcas da pele, que a liberdade é uma oração e um símbolo poético, que esses biorritmos de Mahler que se infiltram nas próprias artérias são leis que obedecem à sua própria lógica, que se pode viver equivocadamente mas que a terra é um bom lugar para saber disso e, enfim, que a vertigem e o equilíbrio não são inimigos irreconciliáveis. Definitivamente: que a alegria de fazer música pode ser, como em Mahler, uma dor sempre jovem. Que quando em sua música o sublime canta em meio a um tropel de banalidades, quando o metafísico se insinua em meio ao profano, quando o popular assoma entre os acordes de uma angústia controlada pela perfeita elaboração orquestral, é ali mesmo onde sabemos – sabemos do verbo "saber", de "sabedoria" – que esse homenzinho paciente e impaciente, desolado e fogoso, terrível e doce, desamparado e glorioso, pleno de fervor e débil, é o mais notável protagonista dos temores, das ansiedades e dos triunfos do homem no século XX. E, se isso não bastasse, a desassossegada relação de Mahler com a sexualidade e a morte seria suficiente testemunho de que nos encontramos diante de um irmão, diante de um contemporâneo de nossos próprios medos e de nossos próprios sobressaltos.

Mahler é contratado pela Metropolitan Opera House de Nova Iorque quando renuncia e se afasta da Ópera de Viena. Viaja para lá com Alma, deixando sua filha Anna com a avó. Ao chegar, Mahler ensaia *Tristão* e se apresenta aos americanos em 1º de janeiro de 1908. O sucesso é absoluto. Não obstante a satisfação do novo triunfo, Mahler vive horas de enorme inquietude: os três golpes do destino o fragilizaram definitivamente. Em meio a suas insônias e seus prolongados silêncios está a imagem sobreposta de sua filha Maria e essa espécie de *modus vivendi* no seu casamento com Alma, em que a dor e a distância são cada vez maiores. Alma volta a sofrer uma nova crise cardíaca e Mahler, solícito, se aproxima dela, talvez deixando momentaneamente de lado sua própria enfermidade e seu ensimesmamento.

No meio musical as coisas refletem outro estado de espírito. Cantores de prestígio (Caruso, Fedor Chaliapin) estão à disposição de Mahler, que dirige *A Valquíria*, *Fidélio*, *Don Giovanni* com cenografia de Roller. Em abril de 1908 termina sua primeira estadia na América e faz uma prévia renovação de contrato. Os Mahler regressam à Europa. Já em Viena, alugam uma casa no Tirol, no vilarejo de Toblach. O jardim da casinha dá para o bosque. É ali que Mahler finaliza *A canção da terra* e começa sua Nona Sinfonia. Tanto uma como outra, "a última profissão de fé de um homem tocado pela morte" (Walter), não poderão ser escutadas por Mahler em vida. Em Praga estreia sua Sétima Sinfonia e, após uma prévia estadia em Salzburgo para descansar, eles regressam aos Estados Unidos.

Uma vez ali, tem início um novo período com atividades semelhantes ao período anterior. Faz *As bodas de Fígaro*, novamente *Fidélio*, e estreia *La Dame de Pique*,[9] de Tchaikovski. Mas logo começam seus problemas crônicos de temperamento. Chega Toscanini para dirigir *Tristão,* e Mahler se opõe a essa representação proclamando que ele "é o único músico com direito ao *Tristão*". Apesar da oposição, a ópera é apresentada sob a direção do diretor italiano. Mahler se desliga da Metropolitan Opera. Um comitê de senhoras lhe oferece a criação da Filarmônica de Nova Iorque. Mahler, depois de dois concertos de teste no Carnegie Hall, aceita o oferecimento. Em maio regressam à Europa. Em Paris, Auguste Rodin faz o famoso busto de Mahler a pedido de Carl Moll. Diz que Mahler é uma mistura de Franklin, Frederico, o Grande e Mozart. Esse busto foi doado por Alma à Ópera de Viena depois da morte de Mahler e retirado pelos nazistas. Hoje está novamente em seu lugar. A própria rua de Viena que fica na lateral da Ópera e que foi chamada de Mahlerstrasse foi rebatizada pelos nazistas com o nome dos Meistersinger. Em 1945 voltou a se chamar Mahlerstrasse, nome que conserva até hoje. Alma conta que: "Depois da morte de Mahler, Rodin me mostrou uma cabeça de mármore que havia feito de memória e me apontou a semelhança. Um curador do Museu Rodin rotulou-a de 'Mozart'" (equívoco que ainda hoje subsiste).

Mahler aproveita a visita a Paris para visitar seus velhos amigos, os *dreyfusards*. Em junho parte para Toblach e termina sua Nona em um trabalho contra o relógio, febril e apaixonado. Atormentado pelos pressentimentos e pelas fantasias premonitórios, Mahler grava em um pentagrama de mármore essas colcheias duradouras. Federico

---

[9] Costumava-se apresentar essa ópera com o título francês de *Pique Dame* (*A dama de espadas*, em português), em vez do título original em russo, *Pikovaya Dama*. (N.T.)

Blanco Jover afirma que "A presença da morte na Nona se impõe do modo mais contundente jamais expresso em música e talvez em nenhuma das artes". É "a morte em pessoa", como diz Alban Berg. Tudo é aniquilação, desmoronamento, desintegração sem sentido. Mas, repentinamente, do outro lado da face do vazio, surge uma voz que fala a linguagem do amor. Talvez não seja a Ressurreição da Segunda nem o chamado transcendente da Oitava. Já não há onipotência: apenas o amor, o simples amor, que permanece sempre apesar de tudo, pleno, frágil, vivo, suscitador de penúltimas emoções, de sempre penúltimas emoções. "É a expressão de um amor inaudito a esta terra, o desejo de viver nela em paz e de gozar a natureza até o limite e em toda sua profundidade, antes que chegue a morte que se aproxima irresistivelmente. Toda essa sinfonia repousa sobre o pressentimento da morte. Agora e sempre, a morte está ali", escreve Alban Berg a sua noiva. Desde os primeiros sons Mahler improvisa, revoluciona, nesse primeiro movimento "de sonho e horror". Todo o seu passado e todas as suas buscas significativas transitam por ele: a banalidade, a violência, o sinistro, o nostálgico folclórico, os *lieders* e as marchas fúnebres, seu mundo inteiro está ali. No Scherzo continuará o sarcasmo, a ironia, a brincadeira humorística, e, no Rondó burlesco, uma espécie de loucura alucinada na qual Mahler exorciza os velhos monstros da desintegração até esse Adágio final – que adágio, Deus! –, onde Mahler aceita partir desse mundo enquanto as cordas organizam um resignado caminho de sincera afirmação, até que, por último, outra vez reaparecem – Mahler é fidelíssimo à sua própria estrutura até o último suspiro – as inquietações metafísicas e, num quase murmúrio místico, o além torna a marcar sua presença. Será essa a sinfonia que abrirá definitivamente os caminhos que percorrerão Schönberg, Berg e Webern. O mestre germinou seu legado e será ele – a herança do fogo – que iluminará todo o século XX. É verdade que a pessoa não precisa estar presente quando se torna imortal. É preciso esperar a morte para poder viver. Robert Musil intitularia sua coleção de breves escritos antes de sua morte como *Páginas póstumas escritas em vida*. Mahler poderia ter chamado essa Sinfonia de "Páginas do futuro escritas com os meios do passado", como havia dito Theodor Adorno. A relação de Mahler com Schönberg merece uma sequência especial, pela lucidez quase temerária de Schönberg para ver em Mahler o mestre, pela permanente capacidade de Mahler para estar ao lado dos jovens. Duas vezes (na estreia de seu Quarteto de cordas nº 1 opus 7, e na da Sinfonia de Câmara) Schönberg foi defendido por Mahler diante da hostilidade do público e dos críticos. Fez calar o público, e, quanto mais agressivo este ficava, mais Mahler aplaudia, até que o último dos perturbadores tivesse saído. Nesses momentos, disse aquilo que citamos anteriormente: "Eu não entendo a música de Schönberg, mas ele é jovem e talvez tenha razão". Schönberg, que não calava nada de seu espírito rebelde ante a presença do mestre, discutia frequentemente com Mahler. "Não tornes a convidar para casa esse pirralho vaidoso", dizia Alma. "Nunca voltarei a cruzar esse umbral", respondia Schönberg. Pouco depois, Mahler dizia a sua mulher: "A propósito, onde estarão aqueles dois?" (referia-se a Schönberg e a von Zemlinsky, professor e cunhado do autor de *Noite transfigurada*). E tornavam a convidá-los. O apoio de Mahler foi permanente, tanto moral quanto materialmente. Recentemente foi revelado um episódio pouco conhecido. Em 13 de setembro de 1911, quando Schönberg acabava de completar 37 anos e Mahler já havia morrido, Webern escreveu a seu mestre para lhe contar quem havia comprado algumas de suas pinturas, mesmo que a pessoa não desejasse ter sua identidade revelada. Webern considerou que a morte de Mahler o liberava do compromisso e lhe permitia dar tal informação. "Suas pinturas – escreveu a Schönberg – foram compradas por GUSTAV MAHLER" (as maiúsculas são do próprio Webern). É claro que Mahler preferiu o anonimato conhecendo o caráter suscetível e orgulhoso de Schönberg e temendo que este suspeitasse que a compra de seus quadros fosse um ato dissimulado de caridade. De sua parte, Schönberg declarou sempre com absoluta honestidade em inúmeras ocasiões sua relação com Mahler: "Desejo me referir a várias coisas que foram ditas contra a obra de Mahler. Frequentemente aparecem duas acusações: contra seu sentimentalismo e contra a vulgaridade de seus temas. Mahler sofreu muito por causa dessas acusações. Devo confessar que eu mesmo, a princípio, considerava vulgares os temas de Mahler, e disso se pode deduzir que essas 'sutis observações' das quais tanto se vangloriam certos oponentes não me eram estranhas. *Porém elas me são estranhas agora*, quando a percepção da beleza e magnificência da obra de Mahler se desenvolveu intensamente em mim", diz em *O estilo e a ideia*. E dirá em outro momento: "Eu lutei por Mahler e sua obra. Mas me deixei levar pela polêmica e disse palavras duras e agressivas a seus antagonistas. Sei que, se ele estivesse ouvindo, sorriria e não se preocuparia com o assunto. A verdade é que Mahler se encontra em um lugar onde não se usam represálias". Em carta de dezembro de 1904 lhe dirá: "Meu querido Maestro: se hei de lhe dar uma ideia da enorme impressão que me causou sua sinfonia, não devo falar como um músico a outro músico. Só posso falar como um ser humano a outro ser humano [Schönberg se refere à Terceira de Mahler]. Revelou-me o senhor como uma alma desnuda, totalmente desnuda, como uma região selvagem e desconhecida com misteriosos cumes e abismos contíguos, com locais ensolarados, formosos prados e lugares de idílico repouso. Experimentei-a como um fenômeno da Natureza que depois de nos fustigar com seus terrores coloca um arco-íris no céu [...]. Creio que senti sua sinfonia. Participei do combate pela ilusão, sofri as dores da desilusão, vi as forças do bem e do mal lutando entre si e vi um homem atormentado batalhando para alcançar a harmonia interior". Schönberg dirá uma frase que permaneceu como resumo da obra mahleriana: "Fez transpor o marco da estética passada". Quando da morte de Mahler, Schönberg, fortemente impressionado, escreve a última das *Seis Peças* opus 19 sob a inspiração da trágica notícia. Diz Stuckenschmidt em sua biografia de Schönberg: "Mahler, inimigo de todo compromisso, uniu-se a seus contemporâneos e aos jovens, a essa jovem geração que havia declarado a guerra à pequenez do espírito de uma burguesia retrógrada". É sob a direção de Mahler – presidente de honra – que se cria, em 1904, a Associação de Jovens Músicos Criadores. Finalmente, Schönberg dedicará a Mahler seu *Tratado de teoria da harmonia*, com uma dedicatória que em si mesma proclama todo o profundo vínculo que os unia. Diz assim:" Este livro está dedicado à memória de Gustav Mahler. Com a dedicatória se pretendia proporcionar-lhe um pequeno prazer enquanto ainda estava vivo. Com ela também se quis expressar a reverência que sentimos por suas imortais composições e deixar claro que estas obras que os músicos acadêmicos ignoram com um dar de ombros, com desprezo, para dizer a verdade, são veneradas por alguém que talvez não seja completamente ignorante. Gustav Mahler não teve alegrias como a que minha dedicatória quis lhe proporcionar. Este mártir, este santo, tinha que morrer inclusive antes de poder ver sua obra no ponto em que pudesse livremente dirigi-la para seus amigos. Dar-lhe prazer teria sido bastante para mim. Mas agora que está morto quero que este livro vença meu respeito de modo que ninguém possa não tomar conhecimento quando digo: Eis aqui um dos homens verdadeiramente grandes!". Esse comovente reconhecimento não necessita de mais comentários.

Pela terceira vez Mahler regressa aos Estados Unidos. Seu destino já não é a Metropolitan Opera, mas a Filarmônica de Nova Iorque, com a qual tem contratados 45 concertos para a temporada 1909-1910, em diferentes cidades. Neles faz o ciclo completo das sinfonias de Bruckner, Beethoven, Bach, Mozart, Strauss, seus *Kindertotenlieder* e sua Primeira Sinfonia. Alma Mahler conta em seu diário algumas histórias dessa época que refletem a lealdade de Mahler às suas inspirações de sempre. Diz em uma delas:"Ao ouvir um ruído confuso nos aproximamos da janela do Hotel Majestic [Nova Iorque] e vimos uma longa procissão pela larga rua que marginava o Central Park. Era o cortejo fúnebre de um bombeiro de cuja heroica morte tínhamos tomado conhecimento pelos jornais. Os que encabeçavam o cortejo estavam quase diretamente debaixo de nós quando a procissão se deteve e o mestre de cerimônias avançou e pronunciou um breve discurso. Da janela de nosso décimo primeiro andar podíamos imaginar o que dizia. Houve uma breve pausa e depois o golpe sobre um tambor vestido de luto, seguido de um silêncio de morte. Em seguida a procissão seguiu seu caminho e tudo terminou. A cena nos arrancou lágrimas e olhei ansiosamente para a janela de Mahler. Também ele havia se aproximado e por seu rosto corriam lágrimas. O breve golpe do tambor o impressionou tão profundamente que o usou em sua Décima Sinfonia". Tão próximo de sua própria agonia, Mahler devia sentir naquele tambor não o golpe transcendente daquele acorde em ré que devia se originar de outro mundo – o de sua Primeira Sinfonia –, e sim o mais cru e brutal acorde da torpe morte que se aproximava dia a dia. "Noutra ocasião – conta Alma – estando eu sentada em meu quarto e Mahler trabalhando no seu, o silêncio foi repentinamente rompido por um ruído distante. Era um trêmulo e antigo realejo italiano. Corri à porta e lhes pedi que se afastassem imediatamente, pagando-lhes por isso. O ruído cessou. Então, de súbito, apareceu Mahler também dizendo: 'Que realejo encantador! Transportou-me para minha infância. Pena que tenha parado de tocar'." Do golpe do tambor à infância recuperada momentaneamente, Mahler vivia com a sensibilidade extremada de uma pele atenta e tensa. Uma pele que tendo vibrado sempre ante o menor estímulo de vida devia agora começar a se despedir dela para sempre.

Em abril regressam à Europa, e Mahler dirige sua Segunda Sinfonia em Paris, no dia 17 do referido mês. O público o ovaciona, os compositores franceses presentes (Debussy, Dukas, Pierné) abandonam a sala na metade do concerto, protestando contra "essa música eslava influenciada por Schubert". Essa música é vivida por eles – como escreveu Theodor Adorno – "como uma tela de Rousseau le Douannier em meio dos impressionistas de Jeu de Paume". As sutilíssimas suavidades da música francesa toleravam mal a presença de uma sinfonia majestosa e gigante. Depois de um breve encontro com Mengelberg em Roma, os Mahler regressam a Toblach. É ali que se produz a crise matrimonial de que tratamos no primeiro movimento e a visita a Freud. Enquanto isso, Mahler não deixa de trabalhar, e o esboço da Décima Sinfonia com seu Adágio finalizado nascem em Toblach no meio desses reveses afetivos. Uma mostra disso é o original dessa sinfonia, onde Mahler escreveu nas margens palavras de amor a sua mulher, imprecações ao diabo, invocações à lira e ressentidas perguntas a Deus. O esquema é uma sinfonia em cinco movimentos: Adágio ("Além da vida e da morte... Uma visão do mundo, não tal qual é, mas em escala cósmica... Uma intensidade e lucidez dificilmente toleráveis", escreve Marc Vignal), um Scherzo, "o Purgatório", outro Scherzo e o Final. Frequentemente se executa somente o primeiro movimento. Mas desde que Alma, em 1963, cancelou a proibição de se executar a "versão completa" realizada por Derek Cooke, decisão a que se opôs Bruno Walter, às vezes ela é interpretada integralmente.

Nesses dias se produz a estreia da Oitava em Munique com a presença de várias figuras do mundo artístico e literário da Europa, como já comentamos no primeiro movimento deste ensaio. Em novembro Mahler volta à América pela última vez. Tinha 65 concertos para a temporada de 1910-1911, dos quais só realizará 48. Pouco antes do Natal sofre uma faringite que volta a se repetir em fevereiro. Seu penúltimo concerto, em 17 de janeiro de 1911, é com sua Quarta Sinfonia, a última vez que Mahler ouve sua própria música. Em 21 de fevereiro de 1911, com febre, Mahler estreia a *Canção de ninar junto ao túmulo de minha mãe,* de Busoni. Toscanini, em especial, assiste. No entreato, Mahler desmaia, esgotado pela febre alta, mas dirige até o fim. Será seu último concerto. Três meses mais tarde, depois de algumas melhoras muito breves, Mahler morrerá. Quando se suspeita de uma endocardite bacteriana, Alma é aconselhada a consultar eminentes bacteriologistas da Europa. Alma faz com que sua mãe venha para a América a fim de ajudá-los. Enquanto isso, Mahler fala com ela: "Quando eu morrer, tu serás um bom partido, jovem e bela... Com quem poderias casar? 'X' é por demais enfadonho. 'Y' é demasiado monótono, apesar de sua inteligência... Não terei outra saída a não ser ficar contigo". Embarcam para Cherburgo. Em Paris começa a se sentir muito melhor (até planeja uma viagem ao Egito), faz um pequeno passeio de carruagem fechada, mas a febre volta a aparecer. Mahler já sabe que está definitivamente condenado. Dá a seus sogros instruções para seu enterro: "Pediu a minha mãe que se sucedesse o pior fosse enterrado junto a sua filha, em Grinzing, numa sepultura simples, sem pompa nem cerimônia, com uma lápide que dissesse apenas

Mahler", descreve Alma em suas memórias. Feito isso, sua preocupação é o futuro de Schönberg: "Quem vai cuidar de Schönberg agora?". A seu pedido, é trasladado para Viena. Em 12 de maio, às cinco da tarde, a carruagem que o conduz até a Gare de l'Est, ao chegar nos Grands Boulevards, cruza com o cortejo do Presidente Fallières, que regressa de Bruxelas. A última música que Mahler ouve – como uma singular forma do destino – é música militar, com seus tambores, seus trompetes e seus ritmos marciais. Tudo havia começado em um quartel próximo à sua casa em Iglau e terminava com a mesma música nessa Paris onde os castanheiros exibiam orgulhosos os seus troncos. Em cada etapa da longa viagem de Paris a Viena a multidão se amontoa para receber notícias da saúde de Mahler, cena emocionantemente revivida por Ken Rusell em seu filme *Mahler vive!*. Em Viena, sobrevive por cinco dias, nos quais não deixará de pronunciar o nome de Alma. "Disse 'minha Almischi' com uma voz, um tom, que não havia ouvido antes nem nunca voltei a ouvir desde então", escreve Alma. Essa mulher, que depois seria companheira de Walter Gropius e de Franz Werfel, que era amada intensamente por Oscar Kokoschka, essa mulher a quem seria dedicada uma ópera de Schönberg, uma obra de Alban Berg e até de Benjamin Britten, confessa não haver voltado a ouvir essa voz e esse tom. "Tinha que viver sem ele? Na Terra não havia lugar para mim", dirá nessa época.

Mahler, em seu delírio, dirige uma orquestra imaginária e, sorrindo, pronuncia duas vezes seu último acorde: *Mozart! Mozart!*. À meia-noite do dia 18 de maio de 1911 tudo havia terminado em meio a uma violenta tempestade. Carl Moll, Rosé e Bruno Walter acompanharam seu caixão até a capela do cemitério de Grinzing. Uma imensa multidão assistiu no dia seguinte ao seu enterro. Walter reproduz em seu livro sobre Mahler as palavras de Jean Paul: "E a luz eterna que buscaste durante tanto tempo brilha com resplendor sem nódoas, e tu, raio de seu fogo, vives de novo na chama".

Neste momento olho à minha frente uma pintura de Oscar Mara intitulada *O artista e sua paisagem*, na qual o apreciado pintor argentino desenha uma espécie de díptico com predomínio dos diferentes tons de azul. Uma dupla face de Mahler: sobre a direita, um Mahler nítido, nessa clássica pose de braços na cintura, olhando através de um sutil pentagrama o horizonte distante (o futuro?); sobre a esquerda, um Mahler absolutamente fantasmagórico, uma espécie de *Doppelgänger*, de reflexo análogo, mas não idêntico, que parece fazer o mesmo. O céu que cobre o Mahler nítido é tempestuoso, o que cobre o Mahler fantasmagórico é límpido e ensolarado. Uma dupla dissociação que emociona. Mahler tal qual é, sempre acessível e sempre inacessível. "Não se sabe de uma só pessoa que tenha realmente conhecido Mahler", escreve Specht em 1912. Cada rosto tem seu contrário, cada céu, seu oposto, cada terra prometida, sua irrealizável realidade. Nesse momento ouço o primeiro acorde de sua Nona e essa linha de Mahler me oprime a respiração, me tiraniza a garganta e me submete – essa é a palavra precisa – a um mundo que necessito habitar frequentemente. Mahler enriqueceu minha vida: razão suficiente para falar dele. Porém mais ainda, estou certo de que minha vida sem sua Nona teria sido outra e diferente.

Meu agradecimento brota dessa vivência. Porém, antes de meu agradecimento e depois dele, está Gustav Mahler, um definitivo solitário. Porque já escreveu Antonio Porchia: se tudo é uma só verdade, não acharás tua própria verdade em nada. Mahler não teve sua própria verdade, teve somente Mahler, ou seja, a verdade do todo. Com essa cósmica certeza preparou o fogo, dia a dia, em cada um de seus pentagramas. Desse fogo continuaremos vivendo.

Posfácio

Não pretendi esgotar o tema Mahler. Sinto até certo pudor em esclarecê-lo. Mahler é – como os fantasmas queridos que povoam nosso mundo interior – um prolongado discurso. Momentos desse discurso penetram nestas páginas. Outros momentos se calam. São os depositários de uma ilusão e de um temor. A ilusão, clara, inocente, afetiva, de incitar a audição de Mahler, pelo menos daqueles que ainda não tiveram a privilegiada emoção de vivê-lo através de sua música. O temor – o silêncio sempre o inclui – de não calar demais. De revelar não só alguns momentos do discurso mahleriano que me habita, mas também aspectos mais secretamente pessoais que tentamos silenciar para todo mundo, exceto para aquela pessoa, destinatária e receptora dessas inquietudes. A essa pessoa, interlocutor privativo, que sabe; e ela sim, cala. Porém esse saber – "saber", biblicamente, é "amar" – inclui a consciência de que nela estão todos os meus desejos e todos os meus sobressaltos de hoje, ou seja, o melhor que temos, dia a dia, para dar e receber. Em cada marco da vida há alguém – sempre diferente?, sempre o mesmo? – que transforma sua frágil carne em um pilar onde, cativos, alegres, inocentes, absolutos, nos refletimos em suas retinas com um orgulho e uma piedade que só podem ser compreendidos através desse "nos sabermos". Esse "nos sabermos" nos alimenta vertiginosamente. Estas páginas, pois, estão dedicadas a essa vertigem.

Destino singular

Primeiro movimento: Quando escrevi O *mandato secreto*, nem Federico Sopeña Ibáñez era Diretor do Museu do Prado nem eu havia recebido menção honrosa do Prêmio Jano Medicina e Humanidades. O mundo mahleriano desse sacerdote havia me conquistado anos antes. Dessa maneira, identificar-me com sua forma de sentir e pensar Gustav Mahler tornou-se para mim fácil e emocionante. Hoje, dedicando-lhe este movimento, reitero aquelas vibrações e aquelas simpatias.

Segundo movimento: Ouvir Luis Rosales falar da Viena dos Habsburgo foi sempre um privilégio. Talvez suas interpretações desse fim de século tenham feito com que me entusiasmasse a ideia de seguir o caminho assinalado por um mestre. Nessa viagem imaginária participaram, com sua afetuosa e lúcida presença, Francisca Aguirre e Félix Grande. A eles está dedicado este segundo movimento.

Terceiro movimento: A infância é, certamente, uma reverberação da nostalgia. E a nostalgia muitas vezes é uma forma do amor. Este movimento está dedicado a Letícia e Héctor Fiorini, com quem compartilhei a infância dos sonhos nos últimos três lustros de minha vida na Argentina, ou seja, entre os 28 e 43 anos. A saudade de tanta riqueza em comum alimenta ainda mais meus anos de maturidade.

Quarto movimento: Com quem compartilhar a herança do fogo mahleriano? Certamente com aqueles que me ajudam, de uma forma ou de outra, a viver estes anos na Espanha e que colaboraram, de maneira insubstituível, para passar a tocha do carinho de mão em mão. Este movimento está, pois, dedicado a meus filhos Mónica Ruth e Ariel Eduardo.

Rondó finale – Alegro: Hoje, ontem, amanhã, muitos irmãos andam pelo mundo Essa fraternidade luminosa tem nomes e ausências. Hoje, ontem, amanhã, o fogo sempre é partilhável: não é verdade, querido Edgardo Gili?

Qualquer livro do nosso catálogo não encontrado nas livrarias pode ser pedido por carta, fax, telefone ou pela Internet.

Rua Aimorés, 981, 8º andar – Funcionários
Belo Horizonte-MG – CEP 30140-071

Tel: (31) 3222 6819
Fax: (31) 3224 6087
Televendas (gratuito): 0800 2831322

vendas@autenticaeditora.com.br
www.autenticaeditora.com.br

Este livro foi composto com tipografia Bembo e impresso em papel Chamois Bulk Dunas 90 g na Formato Artes Gráficas.